Cristina Sánchez
Matadora

Cristina Sánchez

Matadora
Mein Leben als Stierkämpferin

Aufgezeichnet von Dulce Chacón

Aus dem Spanischen von
Lutz Kliche

Wolfgang Krüger Verlag

Die spanische Originalausgabe erschien 1998
unter dem Titel »Matadora«
im Verlag Editorial Planeta, Barcelona
© Éditions Robert Laffont, S. A., Paris, 1998
© Editorial Planeta, S. A., 1998
Deutsche Ausgabe:
© 1998 Wolfgang Krüger Verlag, Frankfurt am Main
Satz: Wagner GmbH, Nördlingen
Druck und Einband: Franz Spiegel Buch GmbH, Ulm
Printed in Germany 1998
ISBN 3-8105-1894-8

Stierkampf bedeutet nicht
kunstvolles Entkommen,
sondern leidenschaftliche Hingabe.

José Alameda

Inhalt

Zweiter Teil
Matadora

Anstelle eines Vorworts

Diese Seiten sind Teil eines Traums, der Geschichte eines Traums. Einer Faszination, die von mir Besitz ergriff und mich die Welt mit anderen Augen sehen ließ. Der Geschichte eines Rausches, der anhält und meine leidenschaftliche Hingabe fordert.

Ich weiß, es überrascht, daß eine Frau Matador wird. Matadora. Der Weg ist nicht leicht gewesen, und ich bin noch nicht an seinem Ende angelangt, doch es ist wie ein Märchen, ihn zu gehen. Dieses Buch ist ein Teil dieses Weges, auf dem der Torero dem Zauber der schwierigen Leichtigkeit begegnet, der Bewegung, die ihn zwingt, ruhig zu bleiben, und keine Gelegenheit zur eleganten Flucht bietet, denn der Matador muß erreichen, daß der Stier um ihn kreist, so als sei der Stierkampf ein hingebungsvoller Tanz. Leben, Tod, Gefahr sind nur verschiedene Begriffe für die gleiche Leidenschaft. Mit dem Stier kämpfen, ihn zum Angriff reizen, an die *muleta** holen. Das Gefühl zu bekommen, überhaupt keinen Körper mehr zu haben, ganz körperlos zu sein, ganz allein mit dem Stier.

Diese Seiten sind wie die Augenblicke eines Fluges, Momente meines Lebens, in denen ich die Leidenschaft des Stierkampfs genossen habe, und andere, in denen ich den Preis für meine Hingabe an diese Leidenschaft bezahlen mußte. Nichts ist umsonst zu haben.

Während des Schreibens dieses Manuskriptes habe ich auf die Unterstützung von Dulce Chacón zählen können. Sie hat meinem Zeugnis und demjenigen derer, die diese Seiten mit dem ihren

---

* Die Ausdrücke aus dem Bereich des Stierkampfs werden in einem Glossar am Ende des Buches erläutert.

bereichert haben, Form gegeben. Der Gebrauch der ersten Person ist nichts weiter als ein Stilmittel; die Worte stammen zwar von uns, die wir mit Dulce geredet haben, doch sie hat uns allen ihre Stimme geliehen.

Wenn jemand zuviel von sich selbst redet, dann vergißt er allzuleicht die anderen. Mit dieser Befürchtung stelle ich mich meinen eigenen Worten. Ich weiß, daß ich zuviel reden werde. Ich bitte dafür um Entschuldigung und im voraus all diejenigen um Verzeihung, die sich vergessen fühlen.

Ich widme dieses Buch denen, die an mich geglaubt haben, all denen, die mit ihrer Unterstützung meine Leidenschaft nährten, mein Leben.

Cristina Sánchez

Erster Teil

Einen Traum hegen

Nîmes, wo der Traum
zum Greifen nahe rückt

Es ist immer gefährlich, einen Traum zu berühren. Eine Seifenblase
zu streicheln. Besser ist es, sie schweben zu lassen und sie nur von
weitem zu betrachten, so als ob sie uns gar nicht gehörte. Ich weiß,
daß ich meinen Traum in Händen halte, doch streichle ich ihn
niemals. Diese Seiten zwingen mich, die Geschichte meiner Leidenschaft aufzuschreiben, und so muß ich notgedrungen auch
meinen Traum berühren und meinen Blick noch einmal auf die
Zeit richten, als es ihn noch nicht einmal gab. Sich erinnern, das
heißt immer auch, einen Weg zurückzuschreiten.

Ich weiß nicht, in welchem Moment es genau geschah, daß sich
mir die Augen öffneten, um meinen Traum zu erkennen. Jedenfalls
war es die Leidenschaft, die mir den Mut verlieh, ihm zu folgen,
und die Geduld zu warten, bis er mir endlich in die Hände fiel.

Ich spreche vom zärtlichen Streicheln und sehe mich in Nîmes,
am Tage meiner Einführung als Matador. Stierkampf ist Zärtlichkeit, ist Streicheln, sagte damals Curro Romero zu mir. Und dann
sprach er zwei Worte aus, die mir auch heute wieder helfen, meine
Angst zu überwinden, denn für mich ist Stierkampf träumen:
Traum und Zärtlichkeit.

Nîmes. Meine Mutter gab mir vor der Corrida einen Kuß, ich
spürte noch ihre Lippen auf meiner Wange, während ich versuchte, meine Nerven zu beruhigen. Himmelblau und golden
mein Anzug. Während des *paseo*, des Einzugs in die Arena, genoß
ich, flankiert von Curro Romero und José María Manzanares,
meinen Flug. Die Spannung, die sich bis dahin aufgestaut hatte,
stieg mir als Tränen in die Augen. Es gibt Momente, in denen man
nicht mehr klar denken kann, nur noch fühlen. Ich bestand nur
noch aus Angst, während ich in meinen Händen den Degen und

das Tuch, die *muleta*, trug. Meine Einführung als Matadora. Zwei große Meister unterstützten mich, zwei berühmte Stierkämpfer. Die Zeremonie.

Ich bin immer noch nicht aufgewacht, und auch heute noch streife ich die Hülle meines Traums voller Furcht, sie könnte zerplatzen.

»Stierkampf ist Zärtlichkeit, ist Streicheln, und weil ihr Frauen gut darin seid, wirst du sicher viel Glück haben!« sagte Curro Romero. Und der Meister Manzanares stimmte ihm zu.

Eine Nacht voller Angst

Es gibt Städte, die von mir Besitz ergreifen und ein Teil von mir werden, ich trage sie in mir, damit sie mir immer wieder Kraft geben. Nîmes nahm seinen Platz am Tage meiner *alternativa*, der Einführung als Matador ein, und jedes Mal, wenn ich den Namen ausspreche, vibriert die Luft, die ich dabei atme, vor Erregung. Nîmes. Nîmes.

Mit dem Flugzeug flog ich nach Barcelona. Ich reiste allein. Drei Frauen, Freundinnen aus Castellón und Barcelona, holten mich mit einem Sportwagen ab, in den kaum das Gepäck paßte. Ich hielt meine Stierkämpfertracht auf den Knien, mit einem Necessaire und einem kleinen Koffer. Im Kopf die fixe Idee: meine *alternativa*. Die Frauen sahen aus, als führen sie zu einem Fest, hielten ihr Gepäck genau wie ich auf den Knien und erzählten Witze. Meine sorgenvolle Miene beunruhigte sie, und mein Schweigen veranlaßte sie, noch angeregter zu schwatzen, damit wir alle unsere Unruhe vergaßen. Unmöglich. Drei Stunden Fahrt in einem Sportwagen voller Frauen und Gepäck. Niemand hätte vermutet, daß wir zum Stierkampf fuhren.

Die Erwartungen waren riesig, die des Publikums, der Presse, mehr als vierzig Fernsehsender aus der ganzen Welt würden dort sein, nichts Vergleichbares hatte es je gegeben. Der Urheber eines solch großen Medienspektakels war niemand anders als mein Manager, Simón Casas. Seine Lebensgeschichte weist ihn als hervorragenden Veranstalter von Stierkämpfen aus – nicht umsonst hat er Vorstellungen organisiert, die nach wie vor die kollektive Erinnerung der Aficionados bevölkern. Er wollte, daß ich eine spektakuläre *alternativa* hätte, eine spektakuläre Hochzeit. Sie sollte mir als Sprungbrett für meine Zukunft dienen, und für den Fall, daß der Sprung schiefging, wenigstens eine schöne Erinnerung sein. Eine ganz besondere Zeremonie sollte es werden, aber nicht nur als Medienereignis, sondern auch ganz grundsätzlich, als Einführung eines Matadors: die gegenseitige Anerkennung von Gleichen. Um das zu erreichen, mußte er als Begleiter zwei große Meister auswählen, und er dachte an Curro Romero und an Manzanares. Zwei Toreros, die mir für alle Zeiten meine »Bürgerrechte« als Matador geben würden, gleichgültig, was später geschehen mochte.

Der Manager hat kommerzielle Verpflichtungen, aber er muß auch den Künstler zum Träumen bringen können, damit dieser wiederum das Publikum zum Träumen bringen kann. Simón Casas ist ein Veranstalter von Kunst, und er besitzt diese Fähigkeit. Er produziert seinen eigenen Traum vom künstlerischen Ereignis, er ist ein Schöpfer, der den Weg ausfindig macht, das Unmögliche möglich zu machen, und auf diese Weise die Brücke zwischen Traum und Wirklichkeit zu bauen.

Simón hat die Fähigkeit, einen das greifen und berühren zu lassen, was man nicht erreichen zu können glaubt. Er hat dieses besondere Etwas, wie der Magier im Märchen. Simón ist ein großer Künstler, der Produzent großer Träume. Und deshalb wußte er es auch möglich zu machen, daß eine Frau als Matador eingeführt wurde. Ein Traumbild, ein Trugbild. Ein historisches Ereignis.

Es gab soviel Aufruhr um mich herum, daß es mir jegliche Ruhe raubte. Am Tag nach meiner Ankunft in Nîmes zog ich mich gleich am Morgen mit Silvia Camacho, einer Stierzüchterin und guten Freundin, auf das Gut meines Managers in der Nähe der Stadt zurück, um mich fernab vom Lärm konzentrieren zu können.

Meine Freundin und ich verbrachten dort die ganze Nacht völlig allein. Allein und voller Angst. Mitten auf dem Land, auf einem einsamen Gut, inmitten unzähliger Bewässerungskanäle. Das Wohnhaus liegt am Ende einer Allee, ein niedriges, einstöckiges Haus, ganz von dichter Vegetation umgeben, so daß es dem Blick verborgen bleibt, bis man direkt davor steht.

16

Es begann schon am frühen Nachmittag mit einer Ziege. Nach dem Mittagessen waren wir zu einem Spaziergang aufgebrochen, einem langen Gang durch die einsamen, grünen Felder. Wir liefen ein gutes Stück und hatten uns schon ziemlich weit vom Haus entfernt, als aus dem Graben eines dieser Bewässerungskanäle eine Ziege heraufkam und sich auf uns stürzte. Ich rannte davon. Silvia fiel vor Lachen beinahe ins Wasser. Die Verfolgungsjagd dauerte an, bis der Ziegenhirte, ein seltsam aussehender Mann, seine Ziege einfangen konnte. Meine Freundin lachte immer noch.

»Pressemeldung: Cristina Sánchez kann nicht als Matadora eingeführt werden, weil sie von einer Ziege verletzt wurde«, frotzelte sie.

Ich hielt nicht an, bis der Hirte seine Ziege eingefangen hatte. Ein ordentlicher Hornstoß – und eine Ziege kann einem leicht einen solchen verpassen – hätte mich gut und gern meine *alternativa* kosten können.

Beim Sonnenbaden vergaß ich meinen Schreck. Am Rande des Schwimmbeckens machte ich ein paar Stierkampffiguren, mit der kurzen Jacke lief ich ums Wasser, damit sie sich mir besser an den Körper schmiegte. Simón Casas, Gregorio Sánchez und mein Vater kamen, um mit uns zu Abend zu essen und fuhren danach wieder weg. Wir blieben allein zurück, in einem Haus mit Glastüren ohne Schlösser. Es dauerte nicht lange, da sah ich das sonderbare Gesicht des Ziegenhirten wieder vor mir. Silvia versuchte mich zu beruhigen, doch meine Angst war nicht zu kontrollieren.

»Aber wir müssen doch irgendwie diese Tür absperren«, sagte ich zu ihr. »Wir können uns doch nicht einfach so bei unverschlossenen Türen schlafen legen, bei den Leuten, die hier herumlaufen. Der Tür da gibt man einen Tritt, und schon ist man drin.«

»Aber Cristina, wer soll denn der Tür einen Tritt verpassen, es weiß doch keiner, daß wir hier sind!«

Meine Angst wurde zur Panik, als ich an die Gesichter von zwei Männern dachte, die stehengeblieben waren und uns nachgesehen hatten, als wir spazierengingen. Ich wollte meinen Vater anrufen. Wir beide ganz allein, nur mit einer Katze und einem Hund – der zu aller Welt freundlich war, der wahrscheinlich nicht einmal angeschlagen hätte!

Angst ist manchmal ansteckend, und mit meiner steckte ich Silvia an. Wir verbarrikadierten die Tür mit einem Stuhl und zwei Eisenstangen, die wir auf der Veranda fanden, auf jeder Seite eine. Der Degen, mit dem ich trainiert hatte, war uns auch von Nutzen. Wir brachten ihn in der Mitte an, mit der Spitze nach oben, damit jeder, der es schaffen würde hereinzukommen, sich sofort damit aufspießte. Ich stellte mir unaufhörlich alle möglichen Grausamkeiten vor. Die Wirklichkeit läßt sich kontrollieren, doch die Phantasie schäumt über, und die meine brodelte vor lauter entsetzlichen Vorstellungen. Silvia nahm es jetzt auch nicht mehr von der witzigen Seite.

»Hör mal, wir können ja deinen Vater anrufen, damit er herkommt und die Nacht über bleibt.« Meine Hysterie hatte sie angesteckt, auch sie begann, irrational zu werden, hatte genauso Angst wie ich. Sie lag schon im Bett, als sie mich schreien hörte. Sofort kam sie in mein Schlafzimmer gestürzt.

»Oh Gott, sind sie schon drin?«

Aber das war es gar nicht. Sie stolperte über meinen Kampfdegen und den spitzen Stab der *muleta*, die ich zwischen den beiden Betten aufgebaut hatte, und sah mich mit schreckgeweiteten Augen auf ein paar Spinnen zeigen.

»Aber Cristina, morgen willst du Stiere töten, und heute nacht hast du Angst vor zwei Spinnen? All das Geschrei wegen zwei Spinnen?«

»Was willst du denn jetzt machen?«

»Na, sie töten natürlich«, antwortete Silvia entschlossen.

»Sie töten?«

»Ja, meine Liebe, natürlich, Stiere bringe ich nicht um, aber Spinnen, die töte ich ganz seelenruhig.«

Silvia lacht heute noch, wenn sie daran denkt. »Cristina hat eine richtige Spinnenphobie. Bei einem Stierkampf in einer kleinen Stadt in Segovia saß eine dicke Spinne auf dem *burladero*, dem Plankenschutz der Matadore. Cristina stand in der Arena und weigerte sich, hinter die Planken zu kommen, sie wandte sich zu ihrem Degenknecht um, deutete auf die Spinne und rief: ›Mach sie weg, mach sie weg!‹ Der Arme wußte überhaupt nicht, was das sollte.«

Die Einführung, der Hochzeitstag. Ich war so nervös wie eine Braut, aber das war keine Hochzeitsnacht, sondern eine Nacht der Angst. Als die Spinnen erledigt waren, hörte ich Schüsse.

»Jetzt kommen sie wirklich!«

»Ja, natürlich«, meinte Silvia trocken, »sie wollen uns umbringen und fangen schon mal draußen an zu schießen. Cristina, ist dir nicht klar, daß man es bestimmt nicht ankündigen würde, wenn man uns an den Kragen wollte?«

»Aber hör doch nur. Hör genau hin.«

Es schien sich wirklich um Schüsse zu handeln, auch Silvia erschrak.

»Denk an was anderes«, sagte sie und versuchte, mich zu beruhigen. »Morgen ist dein großer Tag.«

»Ja, sicher, ich werde an meine *alternativa* denken. Wer weiß, was schlimmer ist.«

Später erfuhren wir, daß das, was wir für Schüsse hielten, der Lärm kleiner Sprengladungen war, die man nachts zur Abschreckung der Vögel in den Reispflanzungen detonieren ließ. Ich bekam kaum ein Auge zu.

Früh am Morgen stand ich auf. Silvia und ich redeten viel an jenem Vormittag, über Stiere und alles mögliche. Sie verstand es, mich abzulenken. Ich befand mich auf einem Weg, der in der Erfüllung meines Traums enden sollte.

Ein Gang durch meine Kindheit

Noch hat die Schlacht nicht begonnen. Ich sehe mich als Mädchen, wie ich mit meiner Schwester im Eßzimmer unserer Wohnung Kaufmannsladen spiele, Aschenbecher und Nippesfiguren verkaufe, die wir mit Münzen aus den Taschen meiner Mutter bezahlten. Zwei Mamas, die mit ihren Puppen Kaffee trinken, eine völlig normale Kindheit.

Meine Kindheit ist von sehr verschwommenen Erinnerungen bevölkert, doch eine steht mir sehr klar vor Augen: Ich war ein Mädchen, das immer am liebsten mit seinem Vater zusammen war. Wo er hinging, da wollte ich mitgehen, von ganz klein auf hing ich an seinen Hosenbeinen. Sein Weg und der meiner Mutter waren ein Beispiel für mich. Die Unbeugsamkeit meiner Mutter, die ich in ihnen sah, noch in den Momenten größter Schwierigkeiten, formten meine Willenskraft und mein Selbstvertrauen. Die Unbeugsamkeit, wie sie im Hause meiner Großmutter an der Nähmaschine saß. Mit ihren sechzehn Jahren fast selbst noch ein Kind, war sie schon Mutter zweier Mädchen. Bei der Arbeit schaukelte sie mit dem Fuß meine Wiege, während meine Schwester Esther ruhig in ihrem Bettchen schlief, und ich nicht aufhören wollte zu weinen. Es ist unmöglich, daß ich mich daran erinnere, ich war ja gerade erst geboren, doch hat man es mir so oft erzählt, daß es mir vorkommt, als sei es meine eigene Erinnerung. Mein Vater absolvierte damals seinen Militärdienst, in seiner freien Zeit arbeitete er noch zusätzlich. Meine Großmutter und meine Mutter nähten im Akkord Militärmützen, um die Haushaltskasse aufzubessern. Ich weinte immerzu. Meine Mutter erzählt, sie hätten in der ersten Nacht, in der ich ruhig schlief, den Arzt gerufen, weil sie so erschrocken darüber waren, daß ich nicht weinte. Meine Mutter bewegte mit einem Fuß das Pedal der Nähmaschine, und mit dem anderen schaukelte sie meine Wiege, ohne mit dem Nähen aufzuhören, ohne sich selbst Ruhe zu gönnen, denn sie wollte ihre Familie voranbringen.

Sie wohnten im Hause der Eltern meiner Mutter, bis sie ihren eigenen Hausstand gründen konnten. Mühe, Arbeit und das Überwinden von Schwierigkeiten haben sie immer begleitet. Immer habe ich meine Eltern kämpfen gesehen.

Mein Vater arbeitete bei der Feuerwehr, er fuhr mit den Löschzügen hinaus. Im Sommer war er Stierkämpfer. Als sehr junger Mann hatte er sein Elternhaus in Quero, einem Ort in der Provinz Toledo, verlassen, denn er hatte den Stierkampf im Blut. Er zog aus, um sein Glück zu suchen, und brauchte eine ganze Weile, bis er es fand.

Manche sagen, ich hätte den Traum meines Vaters verwirklicht. Ich glaube, niemand kann den Traum eines anderen leben, ein jeder muß den seinen leben. Seine Träume erfüllt sich der, der sie träumt, oder es erfüllt sie niemand. Vielleicht wäre aber ohne seine Leidenschaft für den Stier mein Traum nicht geboren worden. Und vielleicht gibt es Träume, die ansteckend sind, oder Leidenschaften, die sich vererben.

Meine Mutter stammt aus Segovia. Als sehr junges Mädchen lernte sie in Villaverde, in der Nähe von Madrid, meinen Vater kennen. Beide stammen aus verschiedenen Gegenden, sind jedoch in Madrid aufgewachsen. Dort kam auch meine Schwester Esther zur Welt, und elf Monate später wurde ich geboren, im Hause meiner Großeltern.

Es heißt, in den alten Zeiten, als noch der Ausdruck »parlar« für sprechen benutzt wurde, gab es in der Nähe von Madrid eine wundertätige Heilquelle. Eine stumme Frau ging auf der Suche nach Heilung zur Quelle, trank daraus und begann zu sprechen. Da riefen die Nachbarn: »*Parla, parla!*« – sie redet, sie redet! –, und der Ort behielt für immer diesen Namen.

In Parla sprach auch ich meine ersten Worte, denn dort ließen sich meine Eltern nieder, nachdem sie zwei Jahre lang bei meinen Großeltern gelebt hatten. Die Straßen von Parla waren damals noch nicht asphaltiert, und weil es so weit weg von Madrid lag, versprach die Baufirma allen einen Kleinwagen, die eine Wohnung kauften. Mein Vater kaufte eine, aber die Baufirma vergaß ihr Versprechen. Doch sie kannten meinen Vater schlecht und einen seiner Leitsätze: »Mit Beharrlichkeit kommt man ans Ziel.«

So war er der einzige Käufer, der den Kleinwagen bekam, auch wenn es ein gebrauchter war. Ich glaube, das Auto war der Grund, weshalb wir dorthin zogen, wo die Stumme das Sprechen gelernt hatte. Wenn das nicht gewesen wäre, hätten wir überall hinziehen können. Wir wohnten schon in Parla, als meine beiden kleinen Schwestern, Irache und Noemi, geboren wurden.

Die Klosterschule, ein weiträumiger Bau, ein riesiger Hof, Tennis-plätze, Schaukeln und ein mit Sand gefülltes Schwimmbecken, wo wir Räuber und Gendarm spielten. Hohe Decken, weiße Wände. Lange, kalte Flure. Das Licht der Klassenzimmer mit den hohen Fenstern konnte in mir nicht weiterleuchten, die religiöse Strenge warf ihre Schatten darauf. Dort lernte ich, rebellisch zu sein. Niemand vermochte mir zu erklären, was ich nicht verstehen wollte. Ich wollte die Schule wechseln, eine andere besuchen, wo das Beten kein Zwang war. Mit zwölf überzeugte ich meine Eltern davon, mich in Parla zur Schule gehen zu lassen, in der Nähe von zu Hause. Und in Parla gingen wir vier Schwestern dann gemeinsam zur Schule. Lange dauerte das nicht, das Lernen war nichts für mich. Ich wartete nur immer darauf, daß die Schule aus war und ich mir den Pulli überziehen und zur Stierkampfarena hinuntergehen konnte, zusammen mit meinem Vater und einem Burschen, der Antonio Romero hieß und Jungstierkämpfer war. Die Arena war leer. Heute gehen immer gut zwanzig Leute zum Trainieren runter, früher waren es nur wir drei. Vielleicht begann da, der Traum in mir Gestalt anzunehmen, und ich merkte es nur noch nicht. Ich sehnte mich danach, die freie Luft zu atmen, zu trainieren, zu laufen, die Schule drückte mir die Luft ab. Ich bewunderte Antonio, er war nur drei Jahre älter als ich und schon Stierkämpfer, wie mein Vater. Denn alles, was mein Vater tat, gefiel mir. Er war Feuerwehrmann, und ich wollte auch zur Feuerwehr; er spielte Fußball, und ich wollte auch Fußball spielen. Er war für mich ein Held, groß – trotz seiner mittleren Statur –, stark und geschmeidig wie eine Weidengerte. Als Athlet und Sportnarr bemühte er sich, seinen vier Töchtern die Bedeutung körperlicher Betätigung beizubringen. Nur bei mir hatte er Erfolg damit. Esther interessierte sich mehr für andere Dinge, ihre Leidenschaft waren das Theater und die Kunst überhaupt, und die beiden Jüngeren, Irache und Noemi, waren eifrige Schülerinnen. So war ich es, die ihm überallhin folgte und ihn zum Training begleitete, während meine Schwestern zu Hause blieben. Und auf diese Weise fand ich auch Spaß am Stierkampf, denn das war etwas, was nur ich mit ihm teilte, nur ich war immer bei ihm. Nur ich interessierte mich für die Welt des Stierkampfs, meine Schwestern sind nicht einmal Aficionadas.

»Morgen nehme ich dich mit zur Feuerwehr«, sagte mein Vater manchmal.

Dann schlief ich die ganze Nacht nicht richtig, wie die Kinder vor Heiligabend, wenn sie auf ihre Geschenke warten und wach bleiben, damit sie sie nicht verpassen.

»Papa, vergiß bloß nicht, daß du mich morgen mitnehmen willst«, erinnerte ich ihn, wenn ich ins Bett ging.

Ich schlief kaum, und lange bevor er mich rief, wenn es noch gar nicht hell geworden war, hatte ich mich schon angezogen und saß im Wohnzimmer, bereit loszugehen.

Ich stand gerne früh auf, um die fast leeren Straßen um halb sieben Uhr morgens zu durchstreifen und im Café an der Ecke mit den Feuerwehrmännern zu frühstücken. Und ich genoß es, mit den Kollegen meines Vaters von einem Ort zum anderen zu ziehen, und daß sie mich in der Turnhalle am Seil hin und her schaukelten, an dem sie vor meinen staunenden Augen mit katzenhafter Geschicklichkeit emporkletterten.

Meinen Vater zu begleiten war für mich wie ein Spiel, bei der

Feuerwehr genauso wie bei den *capeas*, den Amateurstierkämpfen, die sein Freund Andrés organisierte.

Auf dem Gut von Andrés und Mari Carmen in Talamanca del Jarama, wo es eine Stierkampfarena gibt, spürte ich zum ersten Mal, wie erregend der Stierkampf sein kann. Mit meinen Eltern fuhr ich an den Wochenenden zu den Fiestas dort hinaus. Ich war noch sehr klein, als ich begann, die Leidenschaft meines Vaters für den Stier zu teilen. Am Ende dieser Fiestas ließen sie immer Kühe in die Arena, zur freien Verfügung der Zuschauer. Auch ich ging hinunter, um es mit den Kühen aufzunehmen. Ich war noch ein richtiger Knirps, noch nicht einmal zehn Jahre alt, alle staunten und klatschten mir Beifall, und ich hielt mich für die beste Stierkämpferin der Welt. Ich war eine halbe Portion und hatte Spaß daran, vor den Kühen herzulaufen. Dieses Gefühl zwischen Erregung und Angst, der Versuchung widerstehen, wegzulaufen. Und es machte mir Spaß, wenn sie mich bei den Fiestas erkannten: »Da, sieh mal, da ist wieder das Mädchen, das mit den Kühen kämpft.«

Ich war fast schon populär, denn ich war das einzige Mädchen, das sich in die Arena traute. Nur ein paar erwachsene Frauen gingen zu zweit hinunter, die *capa* zwischen sich. Doch mit der *muleta* zu kämpfen, das traute nur ich mich. Dort habe ich wohl Feuer gefangen, obwohl noch niemand, nicht einmal ich selbst, mit dem rechnete, was danach geschah.

Damals spielte ich nur Stierkampf. Ich begleitete Antonio Romero und meinen Vater, der als sein Banderillero im Sommer mit ihm zog, zu den Stierkampfarenen in die Dörfer und Städte. Dort setzte ich mich aufs Trittbrett des Autos – denn damals konnte man noch mit dem Wagen bis in die Arena fahren – und sah ihnen fasziniert zu, wie sie kämpften, stundenlang. Und da nahm mein Traum nach und nach in mir Gestalt an. Ich ging auch mit ihnen zum Training, und manchmal nahm ich die *capa* oder die *muleta* von Antonio, die viel zu groß für mich waren, bewegte sie und versuchte, sie kreisen, sie fliegen zu lassen.

24

Die Verzauberung

Ein Mädchen durfte Stierkampf spielen, aber nicht davon träumen, Torero zu werden. Bis ich die »Hexen« kennenlernte. Drei dicke, große Zigeunerinnen in kurzen Hosen füllten die Arenen. Drei Frauen in glänzenden Hosen, eine in Rosa, eine in Grün, eine in Blau. Sie kämpften abwechselnd gegen Stierkälber.

Ich saß an der Bande, in einer Arena aus Holz, die auf- und abgebaut werden konnte und die keinen Rundgang zwischen Arena und Publikum hatte. Jede der drei Frauen kämpfte gegen einen Stier, der mir im Vergleich zu meiner eigenen Körpergröße riesig vorkam. Eine *Frau* in der Arena. Eine Frau, die kämpft, die ruhig stehenbleibt und ruhig den Stier erwartet. Dort zu stehen wie sie, ohne Angst zu haben ...

Es kommt immer der Augenblick, wie in der Fabel von Samaniego, wenn der Fuchs uns zu raten versucht, auf die Trauben zu verzichten, weil sie angeblich nicht reif sind. »Ich könnte nicht so dort stehen«, dachte ich. Und der Traum wird konkreter, wenn man sich selbst widerspricht. »Ich könnte keinen Stier bekämpfen, ich würde vor Angst sterben, wenn ich dort so stünde.« Da hörte es auf, ein Spiel zu sein, das Gut von Andrés, wo ich mit einem Stock und alten *muletas* Stierkampf übte.

Ich begleitete weiterhin Antonio und meinen Vater, ich ging mit, wenn sie kämpften, und sah ihnen zu, wenn sie trainierten. Dann tauchte noch ein Bursche auf, der Stierkämpfer werden wollte, er hieß Manuel und nahm Unterricht in der Stierkampfschule von Parla. Viele junge Leute, alles Jungen um die fünfzehn, also in meinem Alter, trugen sich ein. Auch ein paar Mädchen kamen, hielten aber nicht lange aus. Doch in mir weckte die Schule von

Parla etwas, was ich ganz tief in mir trug. Den Zauber. Das Geheimnis.

Auf der Stierkampfschule von Parla, die mein Vater und eine Gruppe von Freunden mit Unterstützung des Gemeinderates gegründet hatten, spürte ich das Verlangen, etwas zu lernen. Mein Vater gab Sportunterricht und zeigte den Jungen, wie man den Stier bekämpfen mußte. Ich beschränkte mich darauf, zuzusehen.

»Halte die *capa* so!« oder »Die *muleta* wird mit dem Handgelenk bewegt«, erklärte er seinen Schülern, doch mir brachte mein Vater nie etwas bei. Ich nahm am Sportunterricht teil, aber nicht an den Stierkampflektionen.

Juan Parra, »Parrita«, der heute Banderillero ist und ein guter Freund, brachte mir die ersten Schritte in der Kunst des Stierkampfs bei.

»Zeig mir etwas, erklär mir, wie hält man die *muleta?*«

»Die *muleta* ist auf diesen Stab gezogen, siehst du?« meinte er. »Das ist der *estaquillador*, darüber wird sie gespannt, es ist ein Stück Stoff, das gefaltet wird.«

Jeden Nachmittag ging ich hin, und er gab mir Unterricht, wie ich stehen mußte, wie ich die *muleta* halten sollte. So lernte ich von »Parrita«, dem Lehrling, der auf mein Bitten zum Lehrmeister wurde. Denn ich war ja nicht irgendeine Schülerin, sondern die Tochter des Lehrers, die in die Schule kam, um Gymnastik zu machen, sonst nichts. Bis ich zum ersten Mal mit den Jungs zum Gut von Andrés hinausfuhr, um zu trainieren.

Ich hatte schon so etwas wie eine Ahnung vom Stierkampf, hatte ein paar Dinge gelernt, hinter dem Rücken meines Vaters, der das nicht wollte und zu seinem Verdruß sah, wie ich von Tag zu Tag mehr lernte. Ich war nicht mehr das kleine Mädchen, das mit einem Stock und einer alten *muleta* Stierkampf spielte.

Und auf dem Gut von Andrés nahm ich es mit einem Kalb auf. Es war das erste Mal, daß ich wirklich ernsthaft gegen eine junge Kuh kämpfte. Alle Welt war beeindruckt, die Freunde, die Toreros, Andrés, mein Vater, einfach alle.

Es muß viel mit Stolz oder mit Selbstgefälligkeit zu tun haben, das Gefühl, das ich bekam, als ich merkte, daß ich mit dem Tier dasselbe machen konnte, was ich beim Scheinstierkampf des Trainings machte. Das Bild der »Hexen« tauchte wieder vor meinem Auge auf. Die Verneinung des Traums aus dem Gefühl der eigenen Unfähigkeit verwandelte sich in Überraschung. Ich war dazu fähig. Und der Geschmack des Triumphes wiederholte sich jedes Mal, wenn das Kalb an mir vorbeikam und ich ganz ruhig dort stand. Ich konnte es tun. Meine Trauben waren nicht zu unreif. Und ich fühlte mich wie die größte. Dieses Gefühl, dieser Schauer, der mir über den Rücken lief, wenn ich ein Manöver mit der *muleta* ausführte, ging mir durch und durch. Es war, als brauchte ich das, um mich gut zu fühlen, um glücklich zu sein, um am Leben zu bleiben.

Von da an wollte ich nur noch Stierkampf betreiben. Zur Stierkampfschule gehen, wo man mich schon kannte und mich ernst nahm, weil ich selbst es ganz und gar ernst nahm. Ich hörte mit der Schule auf, ging morgens reiten und nachmittags zum Training. Ich war noch keine fünfzehn Jahre alt.

Das Fieber beginnt

Kurz nach dem Probekampf auf dem Gut von Andrés und Mari Carmen kämpften die besten Jungs aus der Stierkampfschule bei einem Jungstierkampf. Ich wollte gerne teilnehmen, hatte meinen Vater darum gebeten.

»Papa, warum kann ich nicht auch mit einem Stierkalb kämpfen? Laß mich doch, bitte, du wirst schon sehen, daß es gut geht.«

»Nein, nein, Cristina, das ist viel zu schwierig.«

»Aber ich will doch nur kämpfen, das Publikum spüren ...«

»Nein, habe ich gesagt.«

Es war das erste Mal, daß die Jungs die kurze Stierkämpferjacke anzogen, das erste Mal, daß sie in einer Arena vor Publikum kämpften, das erste Mal, daß sie ein Kalb töten würden. Ich bettelte weiter, wollte auch kämpfen, aber es hatte keinen Zweck, mein Vater ließ es nicht zu. Dennoch konnte ich mit ihnen die Vorfreude teilen und am Fest teilnehmen.

Auch mit der kurzen Jacke bekleidet, durfte ich zu Pferde – auf dem Pferd, das ich morgens immer ritt – als *alguacil* die Arena freimachen. Die *calzona*, die knielangen Hosen des Kostüms, lieh mir ein befreundeter Torero, Carretero. Die kurze Jacke bekam ich von Justo, eine weiße Jacke, die heute noch in meiner Erinnerung leuchtet, das Hemd gab mir mein Vater. Das einzige, was ich mir neu kaufte, war ein Paar neue Stiefel, die ich mir für diese Gelegenheit besorgte.

Es gab sogar ein Plakat, mit einem Foto darauf von den Jungs, wir klebten das Plakat eigenhändig an alle Wände in Parla.

»Je mehr Plakate, um so mehr Publikum in der Arena«, riefen wir und lachten dabei, voller Vorfreude, und ich war diejenige, die die meisten Plakate klebte. Sie, die Jungs, setzten sich hin, faul und voller Illusionen, und ich schleppte den Eimer mit dem Leim, bestrich die Plakate mit dem Quast und breitete sie mit den Händen auf die Wände, wobei ich mich bemühte, sie faltenfrei zu kleben, streichelte ihre Träume und die meinen. Bis mich tief in der Nacht mein Vater nach Hause schickte.

Bei dem Jungstierkampf durfte ich, außer die Arena freizumachen, auch den Siegern die Ohren der Stiere überreichen. An jenem Tag begann mein Fieber. Ich wollte kämpfen. Meine Unruhe, Stierkämpferin zu werden. Mein Vater verschloß sich dagegen.

»Du hast die Schule einfach aufgegeben, jetzt mußt du im Haus helfen. Deine Mutter arbeitet außerhalb, und es ist nicht gerecht, daß sie alles machen muß.«

Zwei Jahre lang stand ich in aller Frühe auf, machte die Hausarbeit und ging danach zum Reiten. Mittags kam ich nach Hause und half wieder, bis ich zum Training gehen konnte. Wenn ich vom Trainieren kam, machte ich Abendbrot für meine Schwestern, ohne mich zu beklagen. Aber ich wollte Stierkämpferin werden.

Mein Vater versuchte, mir den Gedanken auszutreiben. Es gefiel ihm, daß ich ihn begleitete, daß mir der Stierkampf Spaß machte, daß ich mich für »seine« Stiere interessierte, aber daß ich mich ernsthaft damit beschäftigte, das kam nicht in Frage. Davon hielt mein Vater überhaupt nichts.

Noch vor meinem sechzehnten Geburtstag begann ich, als Aushilfe in einem kleinen Friseursalon in Parla zu arbeiten. Ich begleitete meinen Vater weiterhin, wann immer ich konnte, trat gegen die Stierkälber an, die man auf den Dörfern nach dem Kampf in die Arena läßt. Während die Jungstierkämpfer sich umzogen, blieb ich in der Arena und kämpfte gegen Kühe.

In Navagalamella kämpfte mein Vater als Banderillero zusammen mit Manuel, dem Besten aus der Stierkampfschule von Parla, der inzwischen Matador ist. Ich begleitete sie. Als der Jungstierkampf vorüber war, blieb ich wie immer in der Arena. Ein junger Stier kam heraus und warf mich über den Haufen. Mein Vater zog sich gerade um.

»Da ist ein Mädchen, das hat gerade ein Stier...«

Mein Vater hörte das Geschrei und wußte sofort, daß es sich dabei um mich handelte.

»Um Gottes willen, das ist meine Tochter!«

In Unterhosen kam er herübergelaufen. Der junge Stier hatte mich durch die Luft gewirbelt und mir das Gesicht verschrammt, aber ich war glücklich.

Glücklich. Mein Traum war der Stier. Mein Ziel. Doch nicht das meiner Eltern. Sie suchten mir eine feste Arbeit, wieder in einem Friseursalon. Ich war einverstanden, Arbeit erschreckt mich nicht, obwohl ich auch mit dem Friseursalon in meinem Viertel zufrieden gewesen wäre. Ich verdiente ja ein bißchen Geld dort, und fünftausend Peseten die Woche war für mich schon ein Vermögen. Aber eine feste Arbeit ist ein festes Gehalt, und das tat unserer Haushaltskasse bestimmt gut.

Der Friseursalon befand sich in Madrid, in der Calle Francisco Silvela. Um halb sechs Uhr morgens stand ich auf und nahm den Bus um sechs. Anderthalb Stunden brauchte ich, bis ich am Bahnhof in Madrid ankam, und von dort ging's weiter mit der Metro. Um neun Uhr war Arbeitsbeginn, der Salon öffnete um zehn. Bevor die Kundinnen kamen, mußte alles fertig sein, die Umhänge gebügelt, die Handtücher gerichtet, der Kaffee, die Fruchtsäfte. Das Geschäft war in drei verschiedene Salons unterteilt, einer zum Schneiden und Kämmen, einer für Dauerwellen und schließlich einer zum Haarewaschen. Außerdem gab es noch eine Wäscherei und eine Heißmangel. Für ein so großes Geschäft brauchte man eigentlich drei Lehrlinge, doch ich war ganz allein dort, so daß ich morgens immer schon um acht anfing, obwohl mein Arbeitsbeginn eigentlich um neun war.

Ich frühstückte in einem Café in der Nähe, dessen Wände mit Bildern aus Stierkampfzeitschriften geschmückt waren. Bevor ich in den Salon ging, sah ich mir die Bilder an. Die Kellner kannten mich schon und wußten, daß ich etwas für Stiere übrig hatte. Ich erzählte ihnen nie, daß ich schon selbst gegen welche gekämpft hatte.

Ich war sechzehn Jahre alt und hatte einen Traum, der viel größer war als ich selbst.

Das erste Mal

Der Stierkampfclub »Manuel Vidrié«, der seinen Namen nach dem berühmten spanischen Pferdestierkämpfer trägt, organisierte auf dem Gut von Andrés eine Fiesta. Auch ich war eingeladen. Die Fiesta wurde zu Ehren der Teilnehmer eines Jungstierkampfes in Torrelaguna veranstaltet, der am Ende der Stierkampfsaison stattfand. Der Club lud die Matadore ein, und Andrés lud mich ein.

Am Schluß der Fiesta ließ man ein paar Kühe in die Arena, und ich ging zu ihnen hinein. Die Leute waren stumm vor Staunen.

»Cristina muß dieses Jahr in unseren Ort kommen, richtig kämpfen. Das ist ja ganz und gar außergewöhnlich«, hieß es. Da war ich diejenige, die vor Staunen verstummte und fasziniert meinen Vater ansah, weil ich mich nicht traute, die Umstehenden anzuschauen.

»Cristina kämpft vielleicht, aber sie tötet nicht, sie tötet keine Kälber«, antwortete mein Vater.

»Papa, bitte, laß mich hingehen!«

Ein dicker Mann, der von allen »Maestro« genannt wurde, ließ nicht locker. Meine Faszination wuchs. Gegen einen Jungstier kämpfen, in einer Arena, vor Publikum ... Mein Vater blieb bei seinem Nein.

»Sag ja, bitte, sag ihm, daß ich kämpfen will!« Ich sah nur meinen Vater an und hörte nicht auf zu betteln. »Bitte sag doch ja!«

Durch mein Bitten und die Beharrlichkeit des »Maestro« gab sich mein Vater schließlich geschlagen.

»Cristina, das wird aber das erste und das letzte Mal sein. Du willst wissen, wie man sich da fühlt, also gut, du sollst es haben. Aber dann ist Schluß. Damit du nicht sagst, ich hätte dich nicht gelassen. Das erste und das letzte Mal.«

»Einverstanden, Papa, alles, was du willst«, gab ich zurück. Er hatte ja schon zugestimmt, nur das zählte jetzt.

Und es kam der große Tag. Ich lieh mir eine Stierkämpfertracht aus. Auf dem Gut von Andrés kleidete ich mich an, mein Vater half mir dabei. Ich flocht mir keinen Zopf, sondern ließ mein Haar offen. Während ich mich ankleidete, begann eine unbekannte Empfindung Besitz von mir zu ergreifen. Da war nicht nur die Aufregung, die Nervosität und die Angst. Das erste Mal läßt sich mit nichts vergleichen.

Ich trug nicht das glitzernde Galakostüm der Stierkämpfer, denn der Kampf mit Stierkälbern wird im Stiertreiberanzug geführt. Doch ich vermute, daß unter dem Cordobeser Hut meine Augen vor Leidenschaft leuchteten.

Juan, ein Freund aus dem Stierkampfclub, bot an, mein Degenknecht zu sein. Wir kamen in die Arena und Juan legte die *trastos* hinter einen Plankenschutz – meinen Degen, den Stoßdegen, meine *muleta*. Ich glaube mich zu erinnern, daß wir insgesamt sieben waren, und ich kam als letzte an die Reihe. Man gab uns jungen Leuten, die wir gerade mit dem Stierkampf begannen, eine Chance. Sieben Stierkälber. Erst kamen die Jungs, dann war ich dran. In der Arena, vor dem Publikum, fühlte ich mich wie ein erfahrener Stierkämpfer. Es vor einem Publikum mit dem Stier aufnehmen. Ein Traum ging in Erfüllung. Mit dem Stier kämpfen. Endlich wissen, wie sich das anfühlt.

Mein Stierkalb war gut, sehr gut sogar, ideal für einen Anfänger wie mich. Mit der *capa* arbeitete ich nicht allzulange, mir gefiel die *muleta* besser, und damit ging es dann auch sehr gut. Ich reizte ihn mit dem Tuch von dieser und von jener Seite. Als Frau in der Arena, ungerührt verharrend, wenn der Stier angreift. Ich lieferte dem jungen Stier einen Kampf nach allen Regeln der Kunst, mehr aus einer Eingebung heraus als aus antrainiertem Können. Und ich bekam die größte Trophäe: beide Ohren und den Schwanz! Auch wenn mir das Töten Schwierigkeiten bereitete, denn das hatte ich noch nicht trainiert, nicht einmal mit der geschobenen Stierattrappe. Ich hatte den Jungs zugeschaut, war zu vielen

Jungstierkämpfen und Corridas, den richtigen, großen Stierkämpfen gegangen, wußte so ungefähr, wie man den Stier töten mußte, hatte es aber selber noch nie probiert.

Als ich den jungen Stier tötete, besiegte ich die Angst, die mich bis dahin gefangengehalten hatte. Erst fiel es mir schwer, die richtige Stelle zu treffen, doch dann versetzte ich ihm den Degenstoß und tötete ihn. Ich suchte ihn mit den Augen nach dem Degen ab. »Ist er denn wirklich drin?« Und der junge Stier fiel um.

Die Tribünen füllten sich mit in der Luft geschwenkten weißen Taschentüchern, und ich spürte, wie mich dieser weiße Wirbel fliegen ließ. Das Publikum war schier verrückt nach mir, und ich war noch verrückter, man trug mich auf den Schultern hinaus. Und es war wirklich, es war ganz und gar wirklich.

»Dies mag das erste Mal gewesen sein, aber es war bestimmt nicht das letzte. Jetzt geht es erst richtig los«, dachte ich bei mir.

Jubel. Glückwünsche, Respekt und Bewunderung.

»Du wirst Stierkämpferin werden«, sagten sie mir alle, als wir wieder auf dem Gut von Andrés waren. Doch mein Vater bestand auf seinem Nein. »Nein, nein, sie muß arbeiten, sie soll sich den Stierkampf aus dem Kopf schlagen.« Dennoch wußte ich, daß er stolz auf mich war, und ich sah, wie er strahlte vor lauter Glück. Fast schon bereit, die Schuld auf sich zu nehmen, die ihm meine Mutter aufladen würde.

»Du bist ganz einfach verrückt, ihr zwei seid völlig verrückt geworden. Wenn du es ihr richtig untersagt hättest, dann bliebe es dabei, und fertig.« Meine Mutter war zur strengen Ordnungshüterin der ganzen Familie geworden. »Wenn du diesem Mädchen nicht lauter Unsinn beibringen würdest . . . «, woraufhin mein Vater ihr entgegnete: »Aber, meine Liebe, siehst du denn nicht, daß ich ihr überhaupt nichts beibringe? Sie ist es, die ganz von alleine lernt.«

Nein, er brachte mir wirklich nichts bei. Noch hoffte er, daß ich mich geschlagen geben würde. Er versuchte auf alle mögliche Art, mich meinen Traum vergessen zu lassen. Doch es war schon um mich geschehen: Ich hatte bereits gekämpft. Und immer noch arbeitete ich im Friseursalon.

Spiegel putzen

Im Friseursalon nannten sie mich »Speedy Gonzalez«, weil ich immer hin und her lief, damit alles fertig und bereit war. Ganz allein mußte ich die Arbeit von drei Personen machen. Die Lehrlinge, die kamen, hielten es nur einen einzigen Vormittag aus, denn es herrschte so dicke Luft, daß man sie mit dem Messer schneiden konnte. Man durfte sich nicht mit den Kollegen unterhalten. Auch wenn keine Kunden da waren, mußte man immer mit irgend etwas beschäftigt sein. Das Büro lag oben über dem Geschäftsraum und hatte große Glasfenster, durch die man uns beobachtete. Die Lehrlinge kamen, sahen, was für eine Atmosphäre herrschte, gingen zum Mittagessen und kehrten nicht wieder. Alle machten es so. Ich sah sie mittags weggehen und wußte: »Die kommt nicht wieder.« Bis einmal einer kam, der blieb. Der war dann so still, daß ich dachte, es wäre besser, allein zu sein. Niemand half dem anderen. Und ich weinte viel. Jeder kümmerte sich nur um sich selbst, bis auf Eva, die mich tröstete und mir half, wo sie konnte. Sie zeigte mir, wie man Dauerwellen legte und vieles andere. Die Chefin mochte mich auch, und die Putzfrau. An diese drei Personen erinnere ich mich mit Sympathie.

Die Arbeit im Salon bedeutete für mich, als erste zu kommen und als letzte zu gehen. Erschöpft um halb zehn nach Hause zu kommen, meine *muleta* und meine *capa* zu nehmen und allein trainieren zu gehen. Im Salon zu arbeiten, während meine Freunde kämpfen gingen. Ich konnte die Arbeit nicht aufgeben, weil sie mir Freunde meiner Eltern verschafft hatten. Solche Empfehlungen muß man manchmal teuer bezahlen. Und dazu stellte sich noch heraus, daß ich allergisch gegen einige Haarfärbemittel und die Dauerwellenlösung war. Ich versuchte, mit Gummihandschuhen

34

zu arbeiten, doch auf das Plastikmaterial reagierte ich noch stärker allergisch. Da zog ich mir unter die Gummihandschuhe welche aus Baumwolle, doch damit spürte ich nichts mehr und konnte nicht arbeiten. Die Haut an den Händen und Ellenbogen riß auf und juckte unerträglich. Meine Sehnsucht war der Stierkampf, ich trieb gerne Sport, ging reiten und trainierte. Liebte die frische Luft. Und zwischen vier Wänden voller Spiegeln kratzte ich mir die aufgerissenen Hände, bis sie bluteten.

»Ich kann nicht mehr«, sagte ich meinen Eltern. Ich weinte, in der bitteren Gewißheit, daß mein Traum hinter der halboffenen Tür wartete, und ich nicht die Hand ausstrecken konnte, um sie ganz zu öffnen. »Ich will Stierkämpferin sein«, sagte ich weinend. »Seht doch nur, wie meine Hände aussehen.«

Ich hatte nur fünf Monate gearbeitet und keinen Anspruch auf Arbeitslosengeld, aber meine große Verzweiflung überzeugte schließlich meine Eltern.

»Endlich geschafft«, dachte ich. Doch sie dachten anders und suchten mir einfach eine andere Arbeit. Einen Bürojob im Feuerlöschergeschäft meiner Tante.

Ich verehrte meine Tante Teresa, die Schwester meiner Mutter, eine Verehrung, die eine Mischung aus Bewunderung und Zuneigung war und mich dazu brachte, meinen Namen ändern zu wollen. Teresa, ich wollte Teresa heißen. Sie selbst, die mich genauso liebte, war es, die mich von dieser Idee abbrachte.

Drei Tage, nachdem ich im Büro angefangen hatte, nahm mein Vater an einem Jungstierkampf in Brunete teil. Er kämpfte als Banderillero von Guillermo, einem anderen Burschen aus der Stierkampfschule. Ich sagte einfach meiner Tante, daß ich an diesem Nachmittag etwas zu erledigen hätte und nicht zur Arbeit kommen könnte. Sie fuhren nach dem Mittagessen los, so daß ich rechtzeitig nach Hause kam, um sie zu begleiten.

Nach dem Stierkampf, als die Toreros sich umzogen, schickte man ein paar junge Kühe in die Arena, und ich blieb unten. Ein Freund meines Vaters fragte mich, ob ich kämpfen wolle. Natürlich wollte ich. Ich weiß nicht genau, wie es geschah. Ich bekam

35

einen ordentlichen Stoß ab. Und ich brach mir einen Finger, genau an dem Tag, als ich mit Stenografie- und Schreibmaschinenunterricht begonnen hatte. Mein Vater schalt mich, brachte mich zum Arzt, und ich bekam einen Gips.

Meine Tante nahm es von der lustigen Seite, als sie mich sah. »Hautausschlag im Friseursalon, eine Gipshand im Büro!« Ich mußte mit einer Hand Schreibmaschine schreiben lernen.

Die Büroarbeit machte mir allerdings keinen Spaß, meine Tante versuchte, mir Buchhaltung und Rechnungsführung beizubringen, aber ich ging lieber die Feuerlöscher reinigen und arbeitete in der Werkstatt.

Um halb acht hatte ich Feierabend. Ich nahm mir in einer Tasche meinen Trainingsanzug mit, zog mich im Büro schon um und ging direkt in die Arena, um zu trainieren. Luft. Frische, freie Luft.

Meine Tante Teresa war es, die merkte, daß das Büro nichts für mich war. Ihr war das als erstes klar. Ich fühlte mich sehr wohl bei ihr, war dankbar für die Art, wie die beiden mich behandelten, mein Onkel genauso wie sie. Aber ich wollte Stierkämpferin werden. Der Augenblick, um das meinen Eltern zu sagen, konnte nicht mehr lange auf sich warten lassen. Das Büro fesselte mich an einen Stuhl, und ich konnte mein Leben nicht im Sitzen verbringen. Ich hielt es nur ein paar Monate aus.

Die Entscheidung

»Ich will Stierkämpferin werden, nicht nur mein Glück versuchen. Stierkämpferin. Mit oder ohne eure Unterstützung.«

Ich sprach sehr ernsthaft mit meinen Eltern. Und hatte kein Glück damit. Meine Mutter wurde so zornig wie selten.

»Das ist doch Wahnsinn, deine Arbeit aufzugeben, völliger Wahnsinn.«

Ich bekam Angst. Von meinem Vater hatte ich schon die Leidenschaft für den Stierkampf übernommen.

»Das ist ein sehr riskanter Beruf, nichts für eine Frau.«

Eine Mutter will immer nur das Beste für ihre Tochter, die größten Annehmlichkeiten. Sie soll viel Geld verdienen, doch dabei nicht ihr Leben riskieren. Meine Mutter, die ganze Familie war gegen mich. Alle sagten, ich sei verrückt, meine Arbeit für etwas ganz Unmögliches aufzugeben, das außerdem noch sehr gefährlich sei. Es gab sogar welche, die meinten, ich wolle mich vor der Arbeit drücken, auf Kosten meiner Eltern leben. Dabei habe ich sie nie um Geld gebeten, denn ich hatte immer das Glück, von meinem Beruf leben zu können.

Niemand unterstützte mich, keiner machte mir Mut. Es gibt viele, die verzeihen denen nicht, die den Mut haben, ihren Traum zu verwirklichen, weil sie dadurch merken, daß sie selbst dazu keinen Mut besitzen. Sie stellen ihren eigenen Kampf und ihre eigene Niederlage als einen bereits begangenen Weg dar, den es nicht noch einmal zu gehen lohnt.

»Und dann bist du auch noch eine Frau.«

Sie sagen das, ohne dabei rot zu werden. Sie sagen nie, ich solle es nicht versuchen, sondern warnen nur vor der Gefahr eines unerfüllten Traums.

Mit siebzehn Jahren schrieb ich mich in der Stierkampfschule von Madrid ein, schließlich doch mit der Unterstützung meines Vaters. Er war der einzige, der mich verstand, denn auch ihm hatte man einmal zu Hause gesagt, daß er verrückt sei.

»Sie hat ihre Entscheidung getroffen. Jetzt muß man ihr helfen. Wir können nicht immer nur gegen sie sein, wir müssen ihr helfen. Ich habe sie in der Schule eingeschrieben«, sagte er zu meiner Mutter, »denn dort hat sie alle Möglichkeiten, und wenn sie tatsächlich gut genug ist, dann wird man sie dort unterstützen. Ganz auf sich allein gestellt wird es ihr schwerfallen, ihren Weg zu gehen.«

Meine Mutter sprach vierzehn Tage lang nicht mit uns. Mit dieser zornigen Reaktion wollte sie mich dazu bringen, meinen Entschluß zu überdenken. Meine Schwestern glaubten, es handele sich um einen Scherz, aber meine Mutter wußte, wie ernst es mir war, das hatte sie sofort gemerkt. Es war nicht die fixe Idee eines jungen Mädchens. Meine Entscheidung war gefallen. Meine Entschlossenheit überzeugte sie schließlich. Ohne sich einzumischen, respektierte sie vielmehr meine Entscheidungen und die meines Vaters. Sie unterstützte mich aus der Stille heraus und brach ihr Schweigen nur, um mich zu verteidigen, als mein Vater mir die Schwierigkeiten schilderte, die ich noch zu erwarten hatte: »Also hör mal, stell es ihr doch nicht so schwarz dar!«

Auch die Ratschläge meiner ältesten Schwester Esther nützten nicht viel: »Überleg es dir gut, das ist keine leichte Angelegenheit!« Meine jüngeren Schwestern konnten noch nichts dazu sagen. Ich fühlte mich sehr schlecht, es gab Augenblicke, da überkamen mich Zweifel. Wenn alle Welt mir abriet, warum sollte dann ausgerechnet ich im Recht sein?

Was für mich als Spiel, als Zeitvertreib begonnen hatte, fing an, ein ziemliches Problem zu werden. Die Erfüllung meines Traums wurde zu einer Frage, die drohend über meinem Kopf schwebte. Vielleicht war es damals, daß ich das kennenlernte, was man Sorgen nennt. In meiner Erinnerung höre ich die Stimme meines Freundes Antonio Carretero, Matador und Banderillero: »Du mußt wissen, was du tust, Cristina, ich halte es aber nicht für das Richtige.«

Wir saßen zusammen in einer Cafeteria. Er versuchte mich dazu zu bringen, Vernunft anzunehmen. »Das ist ein schwieriges Geschäft, du weißt, wie wir alle zu kämpfen haben, und trotz all der Jahre sehen wir noch nicht das Licht am Ende des Tunnels. Du könntest doch auch was anderes machen, einfach dein Leben weiterleben und es dir gutgehen lassen.«

Die vernünftige Entscheidung. Aber was nützt die Vernunft, wenn sie einen zum Verzicht zwingt? Sogar die Arbeitskollegen meines Vaters glaubten, daß dieser mich zu etwas überreden wollte, was ich mir selbst gar nicht wünschte, daß er mich zu diesem gefährlichen Beruf drängen wollte. Die Freunde hielten ihn für verrückt, einen solchen Unsinn bei seiner eigenen Tochter zuzulassen.

Die Freunde meines Vaters waren auch meine Freunde. Ich war immer mit meinen Eltern zusammen und mit ihren Freunden und Bekannten, ich hatte keine kindlichen Flausen im Kopf. Die Beziehung zu Erwachsenen ließ mich schneller reifen. Ich wußte, daß nichts umsonst zu haben ist, daß einem nichts geschenkt wird. Die Welt, in die ich eindringen wollte, wurde als Welt der Männer betrachtet, das war mir klar. Ich war bei genügend Zusammenkünften gewesen, wo auf der einen Seite die Männer über Stiere redeten und auf der anderen die Frauen über alles möglich andere. Mich zog es immer auf die Seite der Männer, deren Gespräche ich wesentlich interessanter fand als das Austauschen von Kochrezepten.

In den Gesprächen der Stierkämpferkreise lernte ich auch das Wort »Verantwortung«: Auf die Stierkampfschule von Madrid gehen, in einer Arena kämpfen.

Ich hatte einen unerhörten Entschluß gefaßt. Ich wollte Torero werden. Ein schwieriger Beruf, das wußte ich zur Genüge. An einigen Schülern meines Vaters sah ich nur zu gut, was es bedeutet, einen Traum aufzugeben. Als Kind zu beginnen, Jungstierkämpfer zu werden, Stierkampf mit Pferden zu betreiben. Matador werden zu wollen. Keine Gelegenheiten zu haben. Zusehen zu müssen, wie die Engagements weniger werden. Nur in der Provinz zu kämpfen. Überhaupt nicht mehr zu kämpfen. Kein Geld zu verdienen. Niedergeschlagenheit, herbe Enttäuschungen. Kein Geld zu haben, wenn man in das Alter kommt, wo man es eigentlich verdienen müßte.

Es heißt, man müsse den Stier bei den Hörnern und die Frauen bei der Taille packen. Es waren nur wenige, die mich bei der Taille faßten und mir halfen, den Stier bei den Hörnern zu packen. Aber es gab sie. Da war zum Beispiel Julián, der heute in der Stierkampfschule von Parla unterrichtet. »Die kommt ganz groß raus, sie wird es schaffen, ihr werdet schon sehen.« Es tut immer gut, wenn die Leute so über einen reden. »Du wirst es schaffen, mit deiner Begeisterung, mit deiner Entschlossenheit, und außerdem kämpfst du sehr gut.«

José Antonio Carretero hätte mich gerne unterstützt, er begann bereits damit, aber dann bekam er Angst vor seiner eigenen Courage und konnte sich doch nicht recht dazu entschließen. Und es gab andere, die mich am Kragen packten, Freunde, die behaupteten, es nur gut mit mir zu meinen, so sagten sie. Die nicht in der Lage waren, mir auch nur mit einem Wort Mut zuzusprechen. »Also gut, dann tu das, was du mit Gottes Hilfe tun mußt«, hätte das sein können. Die behaupteten, Freunde zu sein und mir nicht ein einziges ·Mal Glück wünschten. »Viel Glück!« hätte schon gereicht.

Und jetzt kommen sie und beglückwünschen mich. »Wie schön, daß du das geschafft hast.« Das nützt mir jetzt überhaupt nichts mehr. Jetzt nützen sie mir nichts mehr, die Freunde, die welche hätten sein können, die meinen Vater für verrückt erklärten, den einzigen Menschen, der mich in jener Zeit unterstützte. Er half mir, den Stier bei den Hörnern zu packen, als fast meine ganze Familie nicht mehr mit mir sprach, nicht einmal meine Mutter. Als die Welt mir die *montera* verweigerte, nahm mein Vater mich bei der Hand und stand mir bei. Nur einen einzigen Tag in meinem

40

Leben hat er mich allein gelassen, nicht einmal ganz allein, sondern in der Obhut eines guten Freundes, und hinterher hat er mir gesagt: »Ich werde dich niemals mehr allein lassen, in meinem ganzen Leben laß ich dich nicht mehr allein.«

Und bis zum heutigen Tag ist es dabei geblieben.

Das liebe Geld

Den Preis dafür, daß man seinem Traum nachjagt, bestimmen immer die anderen. Eine Leidenschaft wird geboren, und es entsteht das Verlangen, sich ihr ganz hinzugeben. Doch die Technik, den Beruf, die leidenschaftliche Hingabe an ihn erlernt man nur, indem man Stiere tötet. Der Torero wird zum Torero, indem er mit Stieren kämpft. Und die Stiere muß man bezahlen.

Der ewige Streit, ob man als Torero geboren oder gemacht wird, verliert an Inhalt, wenn das Geld ins Spiel kommt. Früher hieß es, der Arme würde Torero, um reich zu werden; heute muß man reich sein, um Torero zu werden. Viele Veranstalter verlangen von den Anfängern Geld. Die Konkurrenz ist hart, und wenn ein junger Stierkämpfer Geld fordert und der andere es anbietet, entscheidet man sich für den, der es anbietet.

Am Anfang interessiert einen nur der Stierkampf. Man will kämpfen, egal wie und auf welche Weise, und wenn man dafür bezahlen muß, dann bezahlt man eben. Doch irgendwann kommt der Moment, in dem man für sein Opfer eine Entschädigung sehen will.

Ich habe das Glück gehabt, nicht ein einziges Mal für eine Corrida bezahlen zu müssen, doch kenne ich Familien, die das Wenige, was sie hatten, in die Verfolgung eines Traums steckten, der nicht immer erreicht wird. Heutzutage ist es oft genug das Geld, das die Tore zur Arena öffnet. Die Wirklichkeit setzt sich durch und wird bitter im Munde derjenigen, die mit Nachteilen gegen Jungstierkämpfer antreten müssen, die einen Probestierkampf bezahlen können, um zu trainieren; den Stier bezahlen können, den sie beim Kampf töten wollen; den Veranstalter bezahlen können, in dessen Arena sie kämpfen wollen. Die Stierkämpfertracht, die *capas*, die *muletas*, die Degen. All das kostet Geld, viel Geld. Bezahlen, um sich einen Traum zu erfüllen. Das liebe Geld.

Daß Geld und Glück gemeinsam kommen, ist ein schwer zu erreichendes Ziel. Die ganz Großen erreichen es, doch kostet es auch sie viele Anstrengungen. Die Opfer sind hart, und das große Geld machen nur einige wenige. Um hohe Summen fordern zu können, muß man berühmt sein, die Arenen füllen, ein Publikumsliebling werden. Die anderen laufen ihrer Stierkampfleidenschaft hinterher und warten darauf, Glück zu haben und zu siegen. Sie hoffen, daß das Siegen zum Erfolg führt, daß der Erfolg seinen Lohn mit sich bringt, und daß dieser Lohn sie dazu motiviert, weiterzumachen. Stierkampf zu betreiben, ohne einen Heller zu verdienen, ist sehr enttäuschend, auch wenn man ihn mit Leidenschaft betreibt. Denn schließlich setzt man jeden Nachmittag nichts Geringeres als sein Leben aufs Spiel.

Der Reichtum und damit das Glück des Toreros haben immer mit Gefahr zu tun, und die, die dem Geruch des Geldes folgen, scheren sich darum nicht. Es gibt genügend skrupellose Menschen, und genauso, wie die jungen Anfänger auf der Jagd nach ihrem Traum Wegegeld bezahlen müssen, so fordert man von denen, die es geschafft haben, eine Steuer auf ihren Erfolg. Das Geld wechselt auf dunklen Wegen den Besitzer, und man muß den Kopf senken, um nicht zu sehen, wer sich dort an fremdem Risiko bereichert. Leute, die immer dabei sind, wenn es ans Teilen geht, und sich einen Anteil sichern, der ihnen nicht zusteht. Der Wohlstand geht Hand in Hand mit dem Tribut, den man für ihn zahlen muß. Das liebe Geld.

Die Ankunft

Der Señor Molinero, groß, breit und stark, kümmerte sich morgens um die Büroarbeit und unterrichtete nachmittags die neuen Schüler in der Theorie. Er war es, der mir sagte, was ich für die Einschreibung in der Stierkampfschule von Madrid mitbringen sollte: die Einverständniserklärung der Eltern, zwei Fotos und fünfhundert Peseten als Einschreibegebühr. Ich brachte ihm alles und bekam meinen Ausweis. Und man wies mir auch einen Lehrer zu. »Ab morgen kannst du schon kommen, du bist in der Gruppe von Juan Antonio Alcoba, *Macareno*, am besten sagst du ihm selbst Bescheid.«

Die Stierkampfschule von Madrid war in vier Gruppen unterteilt. Zwei Gruppen wurden in Lago unterrichtet und die beiden anderen in Batán. Später wurden die notwendigen Anlagen für alle vier Gruppen in Batán gebaut und die Schule dort zusammengelegt. Ich begann meinen Unterricht in Lago.

Am ersten Tag begleitete mich mein Vater, denn ich war zu schüchtern, um allein hinzugehen. Er kannte Macareno. »Du mußt mich begleiten, allein gehe ich nicht.« Nervosität überfiel mich. Ich war froh, die Entscheidung getroffen zu haben, aber machte mir Sorgen wegen der Bemerkungen, die ich dort zu hören bekommen würde, und auch wegen der Spannungen zu Hause, mein Kopf schwirrte.

Es war zu schön, um wahr zu sein, und viel zu schwierig. Erwartungsvolle Beklemmung. Ich fragte mich, wie mich die Lehrer aufnehmen würden. Ob sie sich über mich lustig machen würden oder ob sie mich einbeziehen würden. Wenn sie mich nicht ernst nahmen, dann hatte ich immerhin noch meinen Vater, er konnte mir alles beibringen. Und die Jungen? Ich würde all

44

diesen Jungen gegenüberstehen, so schüchtern, wie ich war. In der Schule von Parla war das etwas anderes gewesen, da war ich die Tochter des Lehrers und alle kannten mich, wir stammten alle aus demselben Stadtteil. Die Angst. Das Unbekannte. Die Unruhe.

Um fünf Uhr nachmittags, zur Stierkampfstunde, kam ich am ersten Tag an der Seite meines Vaters in die Schule. Es war Winter, und es regnete, die Stierkampfarena war leer. Im Kaffeegarten gab es eine Fläche, die von Zeltplanen bedeckt war. Dort wurde trainiert, wenn es regnete. Und dort sah ich meine Klassenkameraden zum ersten Mal, beim Üben mit der Stierattrappe.

Sechs Lehrer erteilten den Unterricht: Serranito, Joaquín Bernadot, Gregorio Sánchez, der Direktor der Schule, Juan Antonio Macareno, Agapito und Tinín.

Ich war also Macareno zugeteilt worden. Mein Vater unterhielt sich mit ihm, während ich mit dem Training begann. Der Druck lastete mir auf den Schultern, aber nicht auf der *muleta*. Ich mußte es einfach so gut wie möglich machen, als stünde ich in einer richtigen Stierkampfarena. Ich wußte ja schon, wie man kämpfen mußte, hatte drei Jungstiere getötet, war auf der Schule in Parla gewesen, kämpfte mit viel Inspiration, Gefühl und Seele, aber es fehlten mir noch viele Feinheiten. Juan Antonio sah mir staunend zu, er war verblüfft über meine Fähigkeiten und hielt mich für geeignet. »Ah, dieses Mädchen versteht wirklich zu kämpfen!«

Der Sohn von Macareno begann zur gleichen Zeit wie ich zur Schule zu gehen, und wir wurden Freunde. Ich war sehr schüchtern und sprach kaum mit den anderen. Ich kam zum Unterricht, nahm die *capa* und die *muleta* und begann, irgendwo abseits meine Übungen zu machen, wobei ich immer aufmerksam alles verfolgte, doch nie etwas sagte. Ich war immer so schweigsam, und manchmal neckten mich die anderen, indem sie fragten, ob ich vielleicht stumm wäre. Die Jungs bildeten Cliquen, doch ich gesellte mich nie dazu, ich war immer nur mit mir selbst beschäftigt.

Außer mir nahmen noch vier weitere Mädchen Unterricht, aber

sie waren nicht in meiner Gruppe, Tinín war ihr Lehrer. Eine von ihnen kam immer grell geschminkt und in einem knallbunten Pullover. Für mich war die Schule etwas sehr Ernstes, der Lehrer merkte, daß ich mich ganz darauf konzentrierte. Ich wußte, was ich wollte. Und die Spannungen, die ich zu dieser Zeit zu Hause erlebte, bestärkten mich nur noch in meiner Entscheidung.

Ich freundete mich eng mit meinem Lehrer und seinem Sohn an. Wir waren immer zusammen. Die Schule öffnete um fünf, aber wir kamen schon um halb vier oder um vier, um zu trainieren und über die Corrida vom vorigen Sonntag zu sprechen. Ich kam jeden Tag, obwohl das keine Pflicht war, man kann ja niemanden zwingen, Torero zu werden. Jeden Tag, von Montag bis Sonntag. Samstags- und Sonntagsmorgens stand Gymnastik auf dem Stundenplan, und auch das war freiwillig, aber ich war jedes Wochenende dabei.

In der Woche war der Unterricht um halb acht zu Ende, dann nahm ich den Bus, der eine Stunde bis Parla brauchte, und ging dort zur Schule meines Vaters. Dort trainierte ich noch einmal mindestens eineinhalb Stunden in der Arena mit den Jungen, bis es Zeit war, nach Hause zu gehen.

Wenn eine Frau in eine Männerdomäne eindringt, muß sie wissen, was Zurückhaltung heißt, wenn sie Respekt erfahren will. Ein Leitsatz, der mich begleitete, seit ich in die Stierkampfschule eintrat. Freunde darfst du haben, aber mehr nicht, auch wenn man es dir übelnimmt. Man muß sich im klaren darüber sein, daß man sich Respekt verschaffen muß, sonst ist es aus. Das heißt nicht, daß eine Frau sich ganz von den Männern fernhalten soll, um respektiert zu werden, aber sie muß die Grenzlinie kennen, die man nicht überschreiten darf, denn sie merken das sofort, und wenn man sie nur mit der Schuhspitze streift. Eine Frau braucht in einer Gruppe von Männern nicht wie ein Mann aufzutreten, ganz und gar nicht, aber sie muß ihnen beizubringen verstehen, daß es nur der Beruf ist, den sie miteinander teilen. Und die Schüler genau wie die Lehrer verstanden das. Ich war nicht dort, um mit ihnen zu flirten. Unsere

Beziehung war rein beruflich, und ich wahrte die Distanz. Vor allem zu Anfang sprach ich nur das Notwendigste mit ihnen, trug nie enganliegende Kleider, schminkte mich nie oder zog hochhakkige Schuhe an, denn in einem geschlossenen Raum mit hundert Männern ist es besser, keine Aufmerksamkeit zu erregen. Ich hatte nicht vor, mich auf diese Weise beliebt zu machen, um damit irgendein Ziel zu erreichen. Die Gespräche drehten sich um den Stier und die Welt des Stierkampfs, und wenn mir irgend jemand erzählen wollte, was er so am Wochenende gemacht hatte, dann signalisierte ich ihm mein Desinteresse, denn ein falsch verstandenes Wort kann eine Menge Verwirrung stiften.

Mir war bewußt, daß ich wie mit einem Panzer um mich herum auf die Stierkampfschule ging. Aber ich fuhr gut damit, niemand verstand mich je falsch. Ich wollte Torero werden, es war mir gleichgültig, ob dabei Männer oder Frauen um mich herum waren. Ich wollte die Achtung meiner Mitschüler gewinnen, Torero sein und Frau sein.

Meine Ernsthaftigkeit und meine Achtung vor dem Beruf fanden eine positive Reaktion, und es gelang mir, eine von ihnen zu werden, eine Gruppe von Freunden zu gewinnen und zu den zehn Schülern zu gehören, die am meisten kämpften. Ich war kein Mädchen unter Jungen, sondern ein Junge mehr. Doch zuvor mußte ich lernen, nicht auf den Spott zu achten, über Gelächter hinwegzuhören, meinen Schmerz über die mangelnde Anerkennung zu verwinden, meine Traurigkeit hinter einer abweisenden Maske zu verstecken. Auch jetzt noch verberge ich manchmal meine Tränen, damit sie niemand sieht. Disziplin war alles, und immer hatte ich die Worte meines Vaters im Ohr: »Hüte dich vor den Männern hier beim Stierkampf, sie sind wie alle anderen auch.« – »Wenn ein Mann mit vielen Frauen geht, gilt er als besonders männlich, doch wenn man eine Frau mit vielen Männern sieht, dann heißt es, sie sei eine Hure.« – »Laß dir von niemandem etwas unterstellen, sonst bist du verloren.«

Das Samenkorn keimte und trug Früchte: Zunächst einmal waren das die Bewunderung und Anerkennung meiner Mitschüler.

Von Anfang an hatte ich mein Ziel vor Augen, wußte, was ich wollte, und kannte den Weg, um es zu erreichen. Niemals wich ich von ihm ab.

Mein Vorbild waren die Frauen, die es sehr wohl gab in diesem Metier, und die kämpften, um sich ihren Traum zu erfüllen. Angela, die sich für die Abschaffung des Gesetzes, das Frauen den Stierkampf zu Fuß und mit dem Degen verbot, einsetzte. Sie kämpfte zu Pferde gegen Jungstiere. Es gelang ihr aber nicht, als Matador anerkannt zu werden. Ihr Kampf war sehr hart und sehr einsam, sie setzte Himmel und Hölle in Bewegung, damit Frauen gegen Stiere kämpfen können. Angela stammt aus Alicante, aber sie hat in Torrejón de Ardoz gelebt, nahe bei Parla, ganz in meiner Nähe. Und Maribel Atienza, auch sie sehr bekannt und sehr tapfer. Und Conchita Cintrón und María Sara beim Stierkampf zu Pferde. Sie alle haben zu beweisen verstanden, daß eine Frau in der Arena nicht nur eine Zierde zu sein braucht.

Zwei oder drei Monate war ich schon auf der Schule, als man mich zum ersten Mal richtig kämpfen ließ. Es war Januar. Ich saß oben auf den Rängen, zusammen mit den anderen neuen Schülern. Der Direktor kam einmal die Woche in die Schule und entschied, wer in die Arena hinunter zum Kämpfen kam. Er war es auch, der die Jungen für die Jungstierkämpfe einteilte, der bestimmte, wer aufs Land fuhr, wer zu den Probekämpfen. Er hieß Gregorio Sánchez, zu seiner Zeit ein berühmter Stierkämpfer, ein Matador, der von allen Schülern der Schule verehrt und gefürchtet wurde.

Wir übten mit Kühen. Es waren vier, zwei für jede Gruppe. Wenn sie der Direktor aufrief, mußten aus jeder der beiden Gruppen zwei Schüler hinuntergehen. Ich saß oben bei den Neuen, die nach den Fortgeschrittenen kämpften, wenn die Kuh schon bekämpft und damit komplizierter geworden ist.

»Cristina Sánchez soll herunterkommen.«

Ich hatte das nicht erwartet. Macareno mußte ihm von mir erzählt haben. Nervös ging ich hinunter. Ich war mir nicht sicher, ob ich gut kämpfen könnte. Ich begrüßte ihn, und dieser Mann mit der rauhen Stimme nötigte mir soviel Achtung ab, daß ich ihn nicht einmal ansehen konnte, während ich ihm die Hand gab.

Ich war die erste, die mit der *muleta* in die Arena mußte, und mit rechts ging alles gut. Als ich die *muleta* in die Linke nahm, hörte ich eine Stimme: »Nimm die *muleta* in der Mitte.« Eine rauhe Stimme erklang hinter den Planken des *burladero*. Mir fiel die *muleta* aus der Hand. »Man faßt den Stab in der Mitte.« Ich bückte mich und griff nach der *muleta*, der Stab zitterte mir in der Hand.

Meine Schüchternheit war meine Zuflucht, und die Lehrer wußten das. »Komm hierher, auf meine Seite«, rief es hinter mir. Ich nahm die *muleta* auf und blieb allein in der Arena. Irgendwie mußte ich versuchen, meine Schüchternheit zu überwinden.

Der Señor Molinero, ein älterer Lehrer mit viel Geduld, der sich noch an die Zeit erinnerte, als der berühmte Stierkämpfer Manolete seine erste *zapatilla* anzog, gab den Jüngsten Unterricht und sprang auch für ausfallende Lehrer ein. Einmal, als Macareno krank war, nahm uns Molinero mit nach draußen auf die Straße zum Trainieren. Viele Leute waren dort. Ich, die ich mir so sehr gewünscht hatte, vor Publikum zu kämpfen, hatte Mühe, mein Lampenfieber zu verbergen. Doch so war Molinero, er wollte, daß wir unsere Scheu unter den Blicken der Zuschauer verloren. Neugierige Augen beobachteten uns, während wir *dobladas* übten.

»Bieg das Bein, führe den Stier mit der *muleta*.«

Auf der Straße fuhren die Leute in ihren Autos langsamer, um uns besser sehen zu können.

Und so vergingen die Tage. Wir bekamen Technik und Handwerk beigebracht und stierkämpferische Eleganz, denn man muß auch lernen, sich in stolzer Pose in der Arena zu bewegen. Die Ausstrahlung des Stierkämpfers in der Arena sorgt für die Verzauberung des Publikums. Aus dieser Verzauberung heraus entsteht bei ihnen die Achtung gegenüber dem Matador. Der Torero ist immer derjenige, der tut, was sonst niemand zu tun wagt, und zwischen ihm und dem Rest der Welt herrscht eine Distanz, die zu durchbrechen äußerst schwierig ist. Nur indem es ihm gelingt, das

Publikum zu verzaubern, ist er in der Lage, diese Distanz zu überwinden.

Der Matador muß nicht nur Matador sein, er muß dies auch ausstrahlen. Joaquín Vidal erzählt in seinem Buch »Der Stierkampf ist Grandezza«, daß Don Manuel Mejías, »el Papa Negro«, der die Dynastie der Bienvenidas gründete, seinen Söhnen sagte, als sie alle schon Matadore waren, sie müßten wie Toreros wirken, selbst wenn sie auf dem Klo säßen. Sie dürften sich nicht vorbeugen und die Ellbogen auf die Schenkel stützen, sondern müßten sich kerzengrade halten, die Stirn hoch erheben und die Brust herausdrücken, die Hände auf die Hüften stützen. Nur dann wären sie wirklich große Matadore.

Und so ging das erste Jahr vorbei. Die Schule begann, mir im Sommer *becerradas* zu ermöglichen, und ich kämpfte auch einige auf eigene Rechnung. Aus der ganzen Provinz meldete man sich bei meinem Vater. Ich fing an, ein bißchen Geld zu verdienen. Nicht ich rief auf den Bürgermeisterämtern oder bei den Veranstaltern an, sie meldeten sich von sich aus bei mir. Ich konnte selbst meinen Preis bestimmen, ohne zu übertreiben natürlich. Ich mußte zwei Banderilleros mitbringen und einen Degenknecht, und die wollten natürlich alle auch bezahlt werden. Glücklicherweise gibt es bei den *becerradas* keine Picadore, so sparten wir uns diese Ausgabe. Von unseren Einnahmen blieb nicht viel übrig, mein Vater und ich rechneten die Kosten durch, und mehr verlangten wir dann auch nicht. Wir verließen das Haus nach dem Essen, wenn es ging, damit wir die Kosten dafür sparen konnten. An Hotels war nicht zu denken, eine billige Pension oder die Bürgermeisterei genügten uns, um uns umzuziehen. Für gewöhnlich gab man uns auf den Rathäusern ein Büro zum Umziehen, unser »Rathaushotel«, wie wir es zu nennen pflegten.

Inzwischen konnte ich schon meine eigenen *muletas* und *capas* kaufen. Die ersten hatte ich mir noch geliehen, von den Jungs aus Parla, die mir ihre alten, abgelegten gaben, die sie nicht mehr benutzten. Mit dem, was ich verdiente, konnte ich also meine *trastos* kaufen, eines nach dem anderen, sie mußten lange halten. Heutzutage gebe ich immer gleich fünf *muletas* und fünf *capas* auf einmal in Auftrag.

Die *muleta*, die ich anfangs benutzte, behandelte ich lange Zeit wie reines Gold, ich wusch sie, flickte sie, wusch sie noch einmal, sie sah wie neu aus. Später schenkte ich sie der Stierkampfschule in Parla, als man mich um eine für die ganz Kleinen bat; ein Geschenk, das hin und her ging, das mit der gleichen Rührung erhalten wie gegeben wurde.

Immer mehr Veranstalter bekamen mit, daß es da eine stierkämpfende Frau gab, ein junges Mädchen, das seine Sache gut machte.

»Aha, sieh mal an, eine Frau!«

Aber sie trauten sich nicht, mich nur deshalb in ihre Arenen einzuladen, weil ich eine Frau war. Ich mußte zu kämpfen verstehen, denn sie wollten sich nicht lächerlich machen, wenn sie mich zu sich einluden. Ich war ja nicht die Frau ohne Unterleib auf einer Dorfkirmes. Es war eine Neuheit, eine Frau kämpfen zu sehen, doch ein Stierkämpfer muß zu kämpfen verstehen. Die Veranstalter fuhren aufs Dorf, sahen mich dort kämpfen, und am nächsten Tag riefen alle aus der Umgebung an. Die Sensationslust. »Ah, heute kämpft eine Frau! Ob die wohl gut ist oder schlecht?« – »Mit diesem enganliegenden Kostüm muß sie sogar sehr gut sein.«

So wurde ich nach und nach bekannt.

Wenn ich mich heute zurückbesinne, bin ich sicher, daß die meisten der Zuschauer kamen, um eine Frau kämpfen zu sehen. Damals war ich noch naiver und meinte, sie kämen wegen meiner Kunst, vergaß meine weiblichen Formen und war überzeugt, daß niemand sie sah. Meine Naivität war für mich ein Vorteil, denn der Torero – das sagte Belmonte – kämpft am besten, wenn er seinen Körper ganz vergißt.

Die Erotik

Die Stierkämpfertracht liegt eng am Körper an und betont die Figur. Doch die Attraktivität des Toreros geht viel weiter. Der alberne Ausdruck »marcar el paquete« ist eine ärmliche, dumme und eher traurige Form, es zu beschreiben. Ein Torero geht niemals in die Arena hinaus, um seinen Körper zur Schau zu stellen. Es mag sein, daß die Erotik des glitzernden Kostüms darin besteht, das hervorzuheben, was es verbirgt, doch die eigentliche Verführung geht von dem aus, was nicht zu sehen, was unsichtbar ist. Mut. Angst. Tod. Die stumme Musik des Stierkampfs. Die Poesie. Die Poesie, die darin besteht, dorthin zu gelangen, wo noch niemand gewesen ist, und das Publikum weiß das. Und es weiß, daß der Torero jeden Nachmittag eine Ecke des Unbekannten streift. Und zum Poeten, zum Dichter wird. Ein stummer Dichter, würde Simón Casas sagen, ein stiller Dichter. »Die Toreros sind Dichter, die keine Theorie der Dichtung kennen und auch nicht kennen müssen, weil sie vor der Hornspitze stehen, in ständiger Todesnähe sind. Der große Unterschied zwischen dem Dichter und dem Torero besteht darin, daß der Torero wirklich sterben kann.«

Ein stummer Dichter, sagt Simón, und ich sage es auch. Er wird zum Dichter und zum Tänzer, er tanzt einen geometrischen Tanz. Stier und Stierkämpfer, ein Tanz für zwei. Und dennoch sind sie zu dritt, denn der Dritte im Bunde ist der Tod. Stier, Stierkämpfer und Tod umwerben sich im Tanz des Kampfes, suchen sich, treffen im Degenstoß aufeinander und werden eins. Die Verzauberung. Der wirkliche Anhänger des Stierkampfs vergißt den Körper des Toreros, weil der Torero ihn selbst zuvor schon lange vergessen hat.

Der Zauber des Stierkampfes besteht auch darin, das Gefühl des Schwebens zu spüren, welches so schwierig zu erreichen ist. Einen

Stier zu bezwingen heißt, sich vom Flügelschlag der Götter berühren zu lassen. Was rar ist, gewinnt an Wert, und nicht alle Tage
gelingt dieser Flug. Wenn er täglich gelänge, wäre es so, als ob man
täglich stürbe, ein unmöglich zu ertragendes Gefühl.

Es stimmt, daß man in Ekstase gerät. Erotik gibt es tatsächlich in
der Arena. Aber ich stimme nicht mit denen überein, die meinen,
der Stierkampf sei wie ein Liebesakt. Für mich ist der Stierkampf
eine Kunst, die ich mit nichts vergleichen kann, und es fällt mir
schwer, den Toreros zu glauben, die behaupten, sie hätten bei der
faena, der Tötungsphase des Kampfes, einen Orgasmus gehabt.
Die *faena* ist reine Inspiration, und Inspiration ist körperlos, Sex
hingegen nicht. Sex ist eine wunderbare Leidenschaft, er gehört
zur Freude an diesem Leben, aber er ist nicht das Leben selbst. Für
mich ist der Stierkampf eine Form des Lebens, eine Leidenschaft,
doch eine völlig andere. Es ist nicht dasselbe, einen körperlichen
Genuß zu spüren oder aber ein Gefühl der Verzauberung, das viel
weiter geht als alles Körperliche, das zur Seele, zum Geist gehört.

Die Überzeugung, daß die Erotik des Stierkampfs nicht im
Körperlichen zu suchen ist, läßt mich vergessen, gefallen zu wollen, wenn ich mich für den Stierkampf ankleide. Nie habe ich mir
die Stierkämpfertracht angezogen und dabei überlegt, ob sie mir
steht oder nicht. Ich schminke mich nicht einmal, um in die Arena
zu gehen. Was mich interessiert, ist, ob die Hose so weit reicht, wie
sie reichen muß, ob die Stickereien hübsch aussehen, ob ich gut
angezogen bin, so, wie es der Beruf verlangt. Die Eleganz des
Stierkämpfers. Ich achte schon auf gutes Aussehen, doch nur,
um eine gut gekleidete Stierkämpferin zu sein. Ich fühle mich
wohl in meinem Körper, vergesse, daß meine Formen etwas runder
sind, und es ist mir gleichgültig, ob sie verführen oder nicht. Ich
achte nicht auf die, die in der Arena die Frau sehen wollen anstelle
eines Toreros, diejenigen, die nicht wahrhaben wollen, wie hoch ich
die *montera* trage. Ich verachte die, die mich dadurch beleidigen,
daß sie mir auf den Hintern schauen. Für mich ist die Stierkämpfertracht Teil des Ritus, und Riten müssen etwas Heiliges sein.

Das zweite Jahr auf der Schule

Ich fühlte mich gut, viel besser als im ersten Jahr, viel lockerer und entspannter. Inzwischen kannten und achteten mich dort alle. Gegen Kühe war ich schon angetreten. Aber es gab immer noch Zweifel, was meine Person anging.

Ich kämpfte bei Jungstierkämpfen, das waren keine kleinen Kälbchen mehr, sondern zweijährige Stiere, auch wenn sie noch nicht vom Pferde aus mit der Lanze gestochen wurden.

»Wir werden ja sehen, wenn sie gegen die dreijährigen Stiere kämpft, mit Picador.«

Ich kämpfte gegen die dreijährigen Stiere, mit Picador. Und zwar gegen viele Dreijährige. Die Zweifel blieben.

»Es sind immer noch Jungstiere, wir wollen sehen, was passiert, wenn es ausgewachsene Stiere sind, die mit dem Haarschopf auf der Stirn.«

Und auch gegen die kämpfte ich, gegen viele von ihnen, und tue das heute noch.

Während des zweiten Jahres auf der Schule behielt ich dieselbe Methode bei wie im ersten. Morgens trainierte ich, machte Gymnastik, ging Reiten, Laufen, um die Beine zu kräftigen, die Arme beweglicher zu machen. Training für die Geschmeidigkeit. Wenn man vom Stier getroffen wird und einen Purzelbaum schlägt, dann ist das um so schmerzhafter, je steifer man ist. Ich brauchte körperliche Kraft, um alle Situationen meistern zu können. Die Gegenwart des Stiers beeinflußt den ganzen Körper, man wird schneller müde als gewöhnlich, und die *muleta* und die *capa* wiegen schwer. Widerstandskraft, um vor dem Stier stehen zu können, um laufen zu können wenn es not tut, um *capa* und *muleta* mit Leichtigkeit zu bewegen, die noch schwerer wiegen, wenn der Stier schlecht ist und man sie um so länger in der Hand halten muß. Das Beherrschen der Situation ist es, was einem Mut gibt. Hundertprozentig fit zu sein. Denn wenn der Stier herauskommt und man ihm gegenübersteht, verlassen einen die Kräfte oft genug ganz plötzlich.

Der Stierkampf ist keine Frage von Kraft, sondern von Geschicklichkeit. Und des Kopfes, denn es ist wichtig, in jedem Augenblick zu wissen, wie der Stier reagieren wird, um dann schnell selbst reagieren zu können. Körperliche Kraft. Schnelligkeit. Geschicklichkeit. Wenn der Stier zu kurz angreift, wenn man ihm die *muleta* hinhält und er nicht dorthin folgt, wohin man ihn hinhaben will. Wenn er plötzlich auf einen losgeht, bevor das Manöver mit der *muleta* ausgeführt ist, muß der Torero so leichtfüßig sein, um ausweichen zu können, ohne daß der Stier ihn erwischt, und ein neues Manöver einleiten. Man muß kräftig sein, schnell und geschickt, zur eigenen Sicherheit, das wußte ich, und die Sicherheit ist es, die einem den Mut gibt.

Training und Technik machen zusammen das Handwerk aus. Nachmittags in die Schule gehen. Bei der Ankunft die Lehrer begrüßen: die Disziplin. Bernadot, Tinín, Serranito und Macareno, alles ehemalige Toreros. Dann mit Juan trainieren, dem Sohn von Macareno. Wir machten uns eine Stierattrappe, einer nahm sie und griff an, und der andere bekämpfte ihn, genauso als seien wir in der Arena. Erst mit der *capa*, dann als würde er vom Pferd aus mit der Lanze gestochen, genau wie in der Arena auch, wenn man ihn vom Pferd wegholen und wieder hinführen muß, dann die Arbeit mit der *muleta* und schließlich die letzte Phase des Tötens. Wir lernten auch die *banderillas* hineinstechen, das war Pflicht. Alle mußten es sich von Félix, »El Pirri«, beibringen lassen, der uns zweimal die Woche Unterricht gab. Seine Neffen David und Hugo waren Klassenkameraden von mir. Ich lernte wie alle anderen auch, die *banderillas* in die Attrappe zu stoßen, aber dem Stier habe ich nie welche hineingestoßen. Dazu wäre ich wahrscheinlich gar nicht in der Lage.

Und als der Kurs zu Ende ging, wählte mich der Direktor für den Jungstierkampf zum Saisonschluß aus, zusammen mit den beiden fortgeschrittensten Schülern der Schule.

Es war ein Kampf von großer Bedeutung, nicht nur weil alles, was die Stierkampfschule von Madrid organisiert, von großer Bedeutung ist. Der Beste durfte nämlich nach Cali in Kolumbien reisen, um die Schüler dort bei einem internationalen Wettstreit von Stierkampfschulen zu vertreten.

Es war das erste Mal, daß eine Frau zum Schlußkampf der Stierkampfschule ausgewählt wurde. Das allererste Mal. In meinem Beruf eine Frau zu sein war ein »historisches Ereignis«.

»Gregorio Sánchez bat meinen Vater, sich die jungen Stiere anzusehen, die man für den Kampf ausgewählt hatte, ob sie ihm auch nicht zu groß für mich erschienen. Sie waren wirklich ziemlich groß und kräftig.

»Aber du wirst es schon schaffen.«

Ich merkte, wie besorgt mein Vater war, und das machte mir Sorgen. Wieder gingen mir die alten Stimmen durch den Kopf: »Es ist unmöglich, das kann die Kleine nicht.« – »Das ist viel zu schwer für sie.« – »Ja, bist du denn völlig verrückt geworden? Warte lieber noch ein bißchen.«

Jene »Kleine« war inzwischen achtzehn Jahre alt, wog um die fünfzig Kilo und maß einen Meter fünfundsechzig, genau wie heute. Die Vorwürfe, die man meinem Vater machte, wurden stärker: »Mach dich nicht zum Mörder!« Mein Vater war sich der Gefahr bewußt, doch sein Vertrauen in mich war stärker als seine Bedenken.

Nach langem Überlegen nahm ich an dem Jungstierkampf teil, zusammen mit Rafael und Oscar. Wir waren die besten Schüler der Schule. Radio, Fernsehen und Zeitungen waren da, es lastete ein starker Druck auf uns. Wir waren alle sehr nervös, denn der Kampf wurde im Fernsehen übertragen. Die Jungs zogen sich in den neuen Anlagen um, ich in der Wohnung von Iluminado, dem Hausmeister.

Wir kämpften alle drei sehr gut, aber ich ging als Siegerin hervor.

56

Ich sollte nach Kolumbien reisen. Von diesem Augenblick an begann sich die Presse für mich zu interessieren. Von überall her kamen Anrufe, ich wurde im Fernsehen interviewt und mußte erzählen, weshalb ich Torero geworden war, warum ich zu dieser Welt gehören wollte. Ich nahm es alles auf und sah es mir hinterher hundertmal an. Meine Antworten in den Interviews waren schrecklich eintönig, so, als pflückte ich die Blätter eines Gänseblümchens: ja, nein, ja, nein. Der längste Satz, den ich hervorbrachte, war immer noch knapp genug: Ich bin glücklich, ich bin sehr glücklich!

Jetzt wartete Amerika auf mich. Amerika!

Die Freunde, die Liebe

Meine gesamte Zeit verbrachte ich in der Schule und beim Training. Meine Freundschaften blieben derweil auf der Strecke, eine nach der anderen. Ohne daß ich es richtig merkte. Ein Verlust, der mich erst schmerzte, als es schon zu spät war. Da war die Clique von Pinto, die von »La Granja« – einem Stadtteil von Parla –, mit der ich ins Kino und in die Diskothek gegangen war, bevor mich das Stierkampffieber ergriff. Von da an war ich samstags und sonntags mit meinem Vater unterwegs, immer gab es irgendwo eine Corrida, eine Fiesta oder ein Essen, das mit dem Stierkampf zu tun hatte.

Es war kein wirklicher Verzicht, ich verlor meine Freunde einfach, ohne es zu merken, und ohne viele neue hinzuzugewinnen. Jetzt höre ich durch meine ältere Schwester von ihnen. Juan Carlos, Miguel Angel, Alberto: Sie sind heute alle verheiratet, gehen immer noch gemeinsam aus und ich denke oft an sie. Alles ging sehr schnell. Ich war mit mir selbst beschäftigt, mit meiner Besessenheit, meinen Sachen. Der Stierkampf bietet einem die Gelegenheit, viele Leute kennenzulernen, doch meine echten Freundschaften kann ich an einer Hand abzählen. Ich beklage mich nicht, denn ich weiß, daß man die Welt bewohnt, die man sich selbst errichtet, und genauso baute ich mir die meine.

Die Disziplin war meine Wahl gewesen, und sie ließ mir kaum Spielraum für Freundschaften, selbst in dem Kreis, in dem ich verkehrte. Eine kleine Welt bietet wenig Möglichkeiten, sich zu bewegen. Meine Beziehung zu den Toreros mußte sich auf streng beruflichem Gebiet abspielen, wollte ich ihre Achtung erringen und behalten.

Meine Berufung, der ich mich verpflichtet fühlte, war der Stierkampf, sogar noch, wenn es die Liebe betraf. Es ist schwierig, in der Welt des Stierkampfs einen Partner zu haben. Einen Partner, der Verständnis für die Opfer aufbringt, die nötig sind, um sich ganz auf den Beruf konzentrieren zu können. Es ist schwierig, doch nicht unmöglich. Und die Liebe trägt dazu bei, sich glücklich zu fühlen, nicht nur mit dem anderen, sondern auch mit sich selbst. Man mag ohne Liebe leben können, aber natürlich ist es viel schöner mit ihr.

In der Welt des Stierkampfs ist die Liebe nicht sehr gut gelitten. Verliebt zu sein bringe nur Unglück, so heißt es, und wenn der Torero ausrutscht, dann schreibt man es seiner Verliebtheit zu. Das geht den Männern so, und es geht mir so. Es ist, als stehe die Liebe im Widerspruch zur Disziplin. Ich darf mir nicht den kleinsten Ausrutscher erlauben, denn ich bin immer auf dem Präsentierteller, ich kann nie abends ausgehen oder mich in der Öffentlichkeit amüsieren. Ich tue das nicht, denn ich weiß, daß ich das meinem Beruf, meiner Berufung schulde. Ich gebe ihnen keinen Anlaß zu Gerüchten, mein Verantwortungsbewußtsein vermeidet das Problem, doch es ist wichtig, es zu kennen.

Der Matador ist gezwungen, seine Liebesbeziehungen zu verbergen, bis er berühmt ist, bis er Erfolg hat. Nur dann kann er endlich zeigen, daß die Liebe keine Feindin des Stierkampfs ist.

Es heißt, hinter jedem großen Mann stehe eine große Frau. Sein Schatten. Man hat uns dazu erzogen, die Schatten zu sein, nicht sie, die Männer. Wenn es die Frau ist, die in einer Paarbeziehung hervorsticht, dann muß der Mann an ihrer Seite großzügig sein, ein starker Mann, der weiß, daß ihn die Berühmtheit seiner Partnerin nicht ins Dunkel verbannt. Der die Bürde des Ruhms auf den Schultern seiner Partnerin mitzutragen vermag. Das ist schwierig, aber nicht unmöglich. In meinem Fall ist es doppelt schwer, denn ich muß meine Liebe verbergen, um sie leben zu können, und mein Partner muß spüren, daß ich ihn nicht ins Dunkel verbanne, wenn ich ihn verstecke. Und das, ohne daß ich es ihm ständig erklären muß.

Der erste Mann, mit dem ich eine Beziehung hatte, verstand das ziemlich gut, er gehörte zur Welt des Stierkampfs und kannte die Zwänge unseres Berufs. Wir kannten uns von Kindheit an, waren Freunde, die sich wie Geschwister liebten. Wir wuchsen mit demselben Traum und in derselben Umgebung auf, doch unterwegs wurde aus der Freundschaft Liebe. Unsere Beziehung dauerte vier Jahre. Wir glaubten beide an unsere Liebe, bis wir im anderen den Bruder, die Schwester zurückgewannen.

Jede Trennung schmerzt, doch ist in der Erinnerung der erste Schmerz am größten. Die erste Trennung. Die Entscheidung ging von mir aus. Meine Mutter half mir, den Unterschied zwischen Liebe und Zuneigung herauszufinden und mich der Angst zu stellen, die die Leere hervorruft.

Danach bekam ich Angst, fürchtete mich vor einem Leben ohne Liebe. »Wer soll sich schon um mich kümmern, eine Frau, die Stierkämpferin ist und in der Weltgeschichte umherreist. Na gut, ich mache in meinem Beruf weiter, das ist das, was ich am meisten will und wofür ich gekämpft habe. Und wenn ich *ihn* niemals treffe, dann eben nicht, was kann man machen.« So versuchte ich, mich selbst zu trösten.

Ich kannte niemanden außerhalb meines Berufes, und dort mußten die Beziehungen berufliche sein. Nie ging ich auf ein Fest oder mit jemandem aus. Wie sollte ich da die Liebe finden? Wo sie suchen?

Doch die Liebe sucht man nicht, sie findet dich. Und auch mich fand sie schließlich. Und ich nahm sie bei der Hand, und lebte eine leidenschaftliche Beziehung mit jemandem, der mit meiner Welt nichts zu tun hatte. Ich erklärte ihm, daß man uns nicht zusammen sehen durfte, denn es war das erste Jahr, nachdem ich Matador geworden war, und wir mußten vermeiden, daß man uns fotografierte. Heimliche Liebe, Liebe von Komplizen, wie ein Zauber. Er kam aus einem Land, das nicht das meine war, und die Entfernung verstärkte noch unsere Leidenschaft. Es dauerte nur kurze Zeit, denn er war nicht fähig zu akzeptieren, daß sich unsere

Zärtlichkeiten auf die Intimsphäre beschränken mußten, seine Komplizenschaft war zu schwach und führte bei uns beiden zum Mißtrauen. Ich befürchtete, daß er mich in der Öffentlichkeit zu küssen versuchen würde, und er unterstellte mir, daß ich ihn nicht küssen wollte. Es gibt nichts Schlimmeres für die Liebe als die Vernunft, und ich verlangte sie. Ich konnte es mir nicht leisten, spontan zu sein, und er weigerte sich, vorsichtig zu sein. So kam schließlich die Ernüchterung.

Die Liebe, die nicht fähig ist, den Kampf um einen Traum zu respektieren, verdient ihren Namen nicht. Ich wußte, was mein Traum war, und welches Opfer er mir abverlangte. Und so war ich mir sehr bewußt, welchen Preis ich für meine Hingabe zahlte, und das ist auch heute noch so. Ich weiß genau, was ich will, und was es kostet. Der Mann, der mich lieben will, muß mich wachsen lassen und wird niemals zustimmen, daß das zerstört wird, was ich mit soviel Anstrengung aufgebaut habe.

Ich verlor die Angst vor der Liebe und ihrer Abwesenheit, als sie aufhörte, eine Unbekannte für mich zu sein. Ich hatte keine Eile mehr, ich wußte, sie würde mich wieder finden. Ich weiß auch, daß meine berufliche Laufbahn nicht allzulang ist, und daß es im Leben Zeit gibt für alles. Ich werde einen Partner haben, wenn er es versteht, mich meinen Traum leben zu lassen. Und wenn ich ohne Partner leben muß, bis ich mit dem Stierkampf aufhöre, dann werde ich auch das tun, denn ich wäre nicht in der Lage, all das aufzugeben, für das ich gekämpft habe. Denn das, was ich erreicht habe, gehört nicht nur mir, sondern auch meiner Familie. Ihr Opfer, ihre Spannung, ihre Angst, ihre Unruhe an den Stierkampfnach-mittagen – das alles hat mir geholfen, meinen Weg zu gehen. Und ich werde ihn weitergehen.

Erste Reise nach Amerika

Ich hatte beim Abschlußstierkampf der Schule gesiegt. Mein erster Schritt auf dem Weg, berühmt zu werden. Amerika. Reisen. Eine andere Welt kennenlernen. Ich hatte wirklich großes Glück, fühlte mich ungeheuer wichtig. In Amerika, in Kolumbien die Stierkampfschule von Madrid vertreten. Das erste Mal fliegen.

Ich erzählte es meinen Freunden, den Nachbarn, jedem, der es hören wollte. Für die meisten Leute ist eine Amerikareise immer noch etwas Besonderes, allen blieb der Mund offenstehen.

Mein Vater wollte mit mir reisen, er hatte nur unter der Bedingung zugestimmt, daß er mitkäme.

Die Koffer packen, in Spanien war es kalt, ich reiste in die Wärme, mußte Sommerkleider mitnehmen. Ich glaubte, für eine große Reise brauche man auch großes Gepäck, wollte am liebsten das ganze Haus mit nach Cali nehmen, dabei reiste ich nur für vierzehn Tage. Schon eine Woche vor der Abreise hatte ich alles beisammen. Wieder und wieder stellte ich den Koffer neben das Necessaire, das ich für diese Gelegenheit gekauft hatte, und daneben das Degenfutteral und die Ledertasche mit meiner Stierkampfausrüstung. Ich öffnete den Koffer, sah noch einmal alles nach, schloß ihn wieder, damit ich nur ja nichts vergaß.

Das Gepäck war für mich der sichtbare Beweis, daß die Reise wirklich stattfinden sollte. Ich betrachtete das Degenfutteral und die Ledertasche, die ich während des ersten Jahres auf der Stierkampfschule in Aranjuez gewonnen hatte, bei ein paar Jungstierkämpfen, aus denen »El niño de Belén«, ein Junge aus Albacete, und ich als Sieger hervorgegangen waren; er bekam als Preis ein *capote de paseo*, ich die Ledertasche, das Futteral und eine *muleta*.

Ich hatte meine *capas* und *muletas* immer in einem Beutel getragen und die Degen im alten Futteral eines Freundes, José Bravo, der mir am Anfang sehr half. Jetzt hatte ich ein neues Gepäck aus Leder, das eines Toreros würdig war.

Der Flughafen. Ich stieg nervöser ins Flugzeug, als wenn ich es selbst hätte fliegen müssen. Angst hatte ich aber nicht. Am Abend zuvor hatte ich die Dinge noch einmal durchgesehen, die ich längst vorbereitet hatte, schlafen konnte ich nicht.

Der Flug. Ich befand mich in einem Zustand zwischen Wachen und Schlafen. Die Wolken fotografieren. Aus dem Fenster schauen. Wer hätte je gedacht, daß ich einmal nach Amerika fliegen würde. Der Friseursalon, das Büro: All das war so weit fort. Die Stierkampfschule von Madrid vertreten. Die Verantwortung tragen. Ich fragte mich, wie die amerikanischen Stiere wohl wären, ob sie genauso sein würden wie die spanischen. Eine neue Welt kennenlernen.

Die Landung in Kolumbien. Die Neugier auf das Land. Zwischenstopp in Bogotá. Der Wechsel vom internationalen Flughafen zum nationalen, das Gepäck schleppen.

Von Bogotá nach Cartagena de Indias, und von dort nach Cali. Von Bogotá hatte ich nur den Flughafen gesehen, und in Cartagena de Indias landeten wir zwischen, ohne die Maschine verlassen zu dürfen. Man hatte mir gesagt, es sei wunderschön dort, mit traumhaften Stränden. Ich bat die Stewardeß, mich hinauszulassen, wenigstens auf die Gangway. Mein Betteln muß sie erweicht haben, der Wunsch in meinen Mädchenaugen. Sie erlaubte mir, hinauszuschauen. Ich konnte nur die Palmen am Flughafen sehen, doch ich spürte sofort die tropische Hitze und war glücklich, denn ich atmete die Luft Amerikas. Man erlaubte mir, die Luft zu atmen, aber nicht, den Boden zu betreten.

Cali. Die Gepäckträger kamen, um uns mit den Koffern zu helfen. Ich stellte mir vor, eine große Künstlerin zu sein, die von einer riesigen Menschenmenge erwartet wird.

Auf dem Weg ins Hotel sah ich unablässig links und rechts aus dem Wagenfenster. Ich besah mir alles mit staunenden Augen und wollte keine einzige Kleinigkeit verpassen: die Menschen, die Autos, die Landschaft ... Jetzt fühlte ich mich schon wie in Amerika.

Gregorio Sánchez hatte die Arena von Cali eingeweiht, gemeinsam mit Joaquín Bernadot, einem weiteren Lehrer der Schule, und Joselillo, einem kolumbianischen Torero. Nun feierte man den Jahrestag ihrer Einweihung, den man mit einem Festival begehen wollte, mit einer großen Corrida, bei der die gleichen Toreros kämpften wie damals. Wir gingen uns die jungen Stiere ansehen, die man für die Lehrer ausgesucht hatte. Sie waren riesig, obwohl man ihnen zugesagt hatte, daß es eine leichte Corrida werden würde, denn die Matadore waren schon älter. Als sie die Tiere sahen, drohten sie, zurück nach Spanien zu fliegen, daher änderte man das Festival. Mein Lehrer, Gregorio Sánchez, mußte aufs Land fahren, um neue Stiere auszuwählen, und konnte bei meinem Kampf nicht anwesend sein, doch er hörte die Übertragung im Radio. Wenn in Cali Feria ist, dann gibt es von morgens früh um sieben bis nachts um zwölf Stierkämpfe zu sehen, und die Corridas werden vom Rande der Arena aus übertragen. Das Publikum sieht gewöhnlich mit Kopfhörern zu, um auch die Kommentare im Radio mitzubekommen.

Ich zog mich in den Büros der Arena um. Mir ging es wie immer, ich war halbtot vor Angst und Lampenfieber. Mein Vater war als mein Banderillero mitgekommen, seine Gegenwart beruhigte mich ein wenig.

»Na, komm schon, es ist doch alles in Ordnung, du wirst sehen. Mach nicht so ein ernstes Gesicht«, versuchte er mich aufzumuntern, denn wenn ich ein ernstes Gesicht aufsetze, dann sehe ich wirklich ernst aus. Meine größte Sorge war, daß ich die Stierkampfschule von Madrid vertrat, das machte mich halb verrückt.

Die Corrida des Nachmittags ging zu Ende, wir Schüler sollten anschließend kämpfen. Es was erste Mal, daß das so geschah, doch das Publikum hatte es nicht mitbekommen. Die Zuschauer begannen abzuwandern, bevor der Jungstierkampf anfing.

Als ich in die Arena hinausging, waren die Ränge halbleer. Eine Unruhe ging durch die Zuschauer, die noch geblieben waren, und in der Übertragung begannen die Kommentatoren: »Cristina Sánchez nimmt den Stier mit der *capa* an . . .«

Die, die schon gegangen waren, hörten weiter im Radio zu, und da viele schon in ihren Autos auf dem Weg nach Hause waren, mußten sie wenden, um zur Arena zurückzufahren. Die Ränge begannen sich wieder zu füllen, fast in dem Augenblick, als die Endphase des Kampfes begann.

Jeder Schüler kämpfte gegen einen Jungstier. Der Abend verlief, wie ich es mir erträumt hatte. Es klappte hervorragend mit der *capa* und der *muleta*, ich stach gut mit dem Degen zu und erhielt beide Ohren.

Das große Tor, das »El Señor de los cristales« genannt wird, genau wie der Pokal der Feria, war gerade neu gebaut worden. Ich weihte es ein, als ich auf Schultern hinausgetragen wurde. Ich weihte das Tor ein, und die Tafeln, die man an seinen Mauern zu Ehren der Toreros anbringt, die auf Schultern hinausgetragen werden, weihte ich auch ein. Die erste Tafel ist meine.

Die Nachricht von meinem Sieg erreichte Gregorio Sánchez durch das Radio, und diesem rauhen, großen Mann mit den markanten Zügen traten die Tränen in die Augen. Er, der sich allein mit seiner Anwesenheit schon Respekt verschaffte, weinte vor Rührung wie ein Kind. Ein großes Kind. Er hatte nicht geglaubt, daß eine Frau Stierkämpferin werden könne, bis er meine Begeisterung sah und sich mit mir begeisterte. Von da an begleitete er mich, als sei er mein Manager, und staunte über sich selbst: »Das kann doch gar nicht sein, daß eine Frau das alles schafft. Und daß ich mit ihr jetzt unterwegs bin – so, wie ich einmal darüber dachte.«

Als er vom Land zurückkehrte, waren wir schon wieder im Hotel. Er nahm mich in den Arm. Ich war ganz bewegt, denn ich hatte ihn immer als einen sehr ernsten Mann kennengelernt, der einem nur die Hand gab und keinen anderen körperlichen Kontakt mit den Toreros der Schule wollte, damit nur ja keiner jemals den Respekt vor ihm verlor. Er umarmte mich und begann zu weinen. »Ich hab's gewußt, ich hab's gewußt. Ich wußte, wenn der Stier dich angreift, dann tötest du ihn nach allen Regeln der Kunst.«

Am nächsten Tag kannte mich alle Welt, alle wollten mich zu sich nach Hause zu ihren *remates* einladen, Festen, die die gut betuchten Familien nach den Corridas feiern. Sympathische Leute, die mich freundlich aufnahmen. Ich begann das zu erleben, was die Toreros den »Ruhm des Stierkampfs« nennen. Die Bewunderung.

Ich nahm die Erinnerung an die Feria von Cali mit nach Spanien. Ich lebte diese Tage, als ob ich auf einer Wolke schwebte. Ich war ein Mädchen, das noch nicht fassen konnte, daß sich sein Traum tatsächlich zu erfüllen begann.

Die erste Hornverletzung

Nach dem Erfolg in Amerika kämpfte ich in Spanien bei rund neunzig Jungstierkämpfen. Damit schlug ich den Rekord der Schule, ich war die Schülerin, die die meisten Kämpfe bestritten hatte.

Miraflores de la Sierra. An einem dreizehnten im Monat August, ein Jungstierkampf. Ich kämpfte gut, das Publikum stand hinter mir, ich wußte, ich hatte die beiden Ohren, wenn ich den Stier tötete. Ich stach einmal zu. Das Publikum forderte mich auf, den Stier zu töten, um mir die beiden Ohren zu geben. Es feuerte mich an. Ich stach noch einmal zu. Seit ein paar Tagen hatte ich mit dem Degen nicht mehr richtig getroffen. Mein Vater und Gregorio wurden nervös. »Töte ihn, mach Schluß mit ihm«, riefen sie, und ich warf mich mutig und wütend auf den Stier. Er erwischte mich. Er stieß mir sein Horn in den rechten Schenkel. Ich merkte ganz deutlich, daß er mich schlimm getroffen hatte, ich spürte, wie mir eine starke Hitze durchs Bein fuhr, es war ein fürchterliches Brennen. Ich blieb auf dem Boden sitzen und versuchte dann aufzustehen, aber es ging nicht, das Bein wollte mir nicht gehorchen. Mein Vater kam und hob mich auf, ganz nervös und erschrocken. Seine kastanienbraunen Augen waren weit aufgerissen und fast schwarz. Er brachte mich sofort auf die Erste-Hilfe-Station, wo man mir die Hose und die Strümpfe auszog. Der Chirurg untersuchte mich und steckte den Finger in das Eingangsloch des Hornstoßes, um seine Größe auszumessen und zu sehen, ob er mehrere Kanäle hatte. Ohne Narkose. Nie zuvor hatte ich einen solchen Schmerz gespürt. Feuer. Der Finger, der sich in der Wunde seinen Weg bahnte. Nach oben, nach unten.

»Die Hornwunde ist nicht sehr tief, aber sie hat zwei Kanäle,

67

einen nach oben und einen nach unten, der Muskel ist in Mitleidenschaft gezogen.«

Ich versuchte, ruhig zu bleiben, weinte nicht eine Träne.

»Tun Sie, was Sie tun müssen.«

Mein Vater hielt mir die Hand. Man operierte mich gleich vor
Ort, in der Erste-Hilfe-Station der Arena, nur mit lokaler Betäu-
bung.

Ich hatte mich oft gefragt, wie eine Hornverletzung wohl sein
mochte. Und hatte mir heimlich eine gewünscht, so wie sich
Kinder einen gebrochenen Arm wünschen, um einen Gips zu
tragen und ihre Freunde darauf unterschreiben zu lassen. Es heißt,
Hornwunden sind wie Medaillen. Die erste Hornverletzung, die
erste Auszeichnung. Jetzt hatte ich eine.

Die Kurskameraden in der Schule blickten mich mit Bewunderung an deswegen, ich fühlte mich wichtig, war ganz stolz. Ein
Held. Ich hatte nie jemanden gefragt, wie sich das anfühlt, aber ich
hatte immer genau zugehört, wenn von Hornverletzungen die
Rede war, und von dem, was man spürte. Jetzt waren es meine
Klassenkameraden, die mich fragten, nicht aus reiner Neugier, so
wie diejenigen, die nichts mit dem Stierkampf zu tun hatten. Sie
warteten vielmehr darauf, daß sie an der Reihe wären, daß sie ihre
Verletzung abbekämen, ihre Medaille. Doch ich merkte sofort, daß
dies unangenehme Lorbeeren waren, denn Auszeichnungen werden eigentlich mit einem Fest begangen, diese hier brachte mich
aber ins Bett. Ich war stocksauer, es war August, und ich hätte
eigentlich jeden Tag kämpfen müssen. Ich verpaßte fünfzehn Corridas.

Nach dem chirurgischen Eingriff wurde ich ins Krankenhaus
gebracht. Mein Vater rief meine Mutter an.

»Mach dir keine Sorgen, es ist nichts Schlimmes, aber sie ist im
Krankenhaus.«

Meine Mutter sorgte sich natürlich, so wie jeder, dem man sagt,
er solle sich keine Sorgen machen. Ganz aufgeregt kam sie ins
Krankenhaus. Auch meine Onkel und Tanten kamen, meine Großeltern, meine Schwestern, die ganze Familie. Angesichts der all-

gemeinen Besorgnis versuchte ich, es herunterzuspielen: »Aber es ist doch gar nichts weiter passiert.« Ich wollte nur so schnell wie möglich aus dem Krankenhaus heraus, ich fühlte mich gut und hatte kein Fieber.

Zu Hause besuchten mich sehr viele Bekannte, Freunde, Kollegen, Verwandte. Andere riefen mich an. Es war das dritte Jahr auf der Stierkampfschule, und meine erste ernsthafte Verletzung.

Mein Vater sagte, er sei in zwei Monaten mindestens sieben Jahre gealtert, er war wahnsinnig besorgt und konnte den Gedanken nicht loswerden, daß ich an der Verletzung hätte sterben können. Er hatte Angst um mich und mußte sich gleichzeitig den Vorwürfen derjenigen stellen, die ihn für mein Tun verantwortlich machen wollten. Er fühlte sich nicht schuldig, weil er mich nie zum Stierkampf gezwungen hatte, doch in jenen Momenten bedrückte ihn der Gedanke, daß mein Traum auf ihn zurückging: »Wenn ich nicht Torero gewesen wäre, dann hätte sie nicht diese Welt gewählt.«

Doch mein Traum gehörte nur mir allein, ganz gleich wo er herkam, und ich hatte es eilig, zu ihm zurückzukehren. Sobald man mir die Wunddrainage und die Fäden gezogen hatte, nahm ich das Training wieder auf. Ich begann, langsam das Bein wieder zu bewegen. Weil ich es so lange nicht hatte bewegen können, waren die Muskeln sehr geschwächt. Trainieren. Ein hartes Training. Ich wollte kämpfen. Weiterkämpfen. Jeder Tag, an dem ich nicht kämpfen konnte, war wie eine Folter für mich.

Nach vierzehn Tagen trat ich in Zuera bei Zaragoza auf. Dort hatte ich ein Jahr zuvor sehr erfolgreich gekämpft. Mit viel Elan ging ich in die Arena. Die Narbe spannte noch ordentlich, und ich hatte nicht genügend Kraft im Bein.

Meine Angst war ganz instinktiv, der Stier hatte mich erwischt, als ich ihn töten wollte, und während der nächsten Kämpfe war ich daher ungeheuer vorsichtig. Die Angst vor der Angst. Wenn ich zum Degen griff, kam damit auch die Erinnerung an den Moment der Verletzung. Ich mußte lernen, die Angst zu überwinden. Bis dahin hatte ich den Mut genossen, den einem die Unwissenheit

69

schenkt, jetzt aber wußte ich, welches Unheil ein Horn anrichten kann. Nach und nach schaffte ich es, darüber hinwegzukommen, denn ich wußte, wenn ich das nicht schaffte, würde ich mich nie wieder vor einen Stier stellen können. Kontrolliert bleiben, nicht zulassen, daß die Furcht mich kontrollierte, nicht weglaufen, sondern stehenbleiben. Die Angst vor dem Stier läßt einen sich intuitiv bewegen, auch wenn man es gar nicht will. Die unkontrollierte Angst.

Nach drei oder vier Kämpfen war ich langsam wieder im alten Rhythmus. Ich lernte es, mit der Erinnerung an die Verletzung zu leben, sie in mir zu tragen, ohne daß sie mich niederdrückte.

Die zweite Hornverletzung

Die Saison endete im Oktober. Mein Plan war, im nächsten Jahr mit Picadores in der Arena zu debütieren. Ich brauchte jemanden, der mir dabei half. Einen Manager. Bis zu dem Tage hatten die Schule und mein Vater mir die Corridas arrangiert. Viele Veranstalter riefen mich zu Hause an, und mein Vater verabredete die Termine in Abstimmung mit der Schule. Für die anderen Schüler wurden sie normalerweise nur von der Schule gemacht, weil man sie nicht zu Hause anrief.

Es war mein drittes Jahr auf der Schule, ich mußte eine neue Etappe beginnen, einen Manager finden, die nächste Stufe erreichen, meine Karriere als Stierkämpfer aufbauen. Einjährige Stiere hatte ich nun schon genügend bekämpft. Stierkampf mit Pferden, mit den Picadores zweijährige Stiere töten, das war eine neue Herausforderung für mich. Mir einen Namen machen. Weitere Stufen erklimmen.

Ich lernte ein paar Franzosen kennen. Sie schenkten mir einen *capote de paseo* – der, den ich jetzt benutze – für mein Debüt mit den Picadores, und sagten, daß sie mich gerne managen wollten.

Ich kämpfte weiter und blieb in Kontakt mit den Franzosen. Wir wollten uns am Ende der Saison treffen, sie sollten meine Karriere voranbringen. Ich war sehr zufrieden damit.

Es war ein 13. September, als ich morgens an einem Jungstierkampf in Egea de los Caballeros, in der Nähe von Zaragoza, teilnahm. Am Nachmittag sollte ich in Loeches kämpfen, wo ich bereits ein Jahr zuvor gegen Stierkälber angetreten war. Damals war ich, als ich nach dem Umziehen aus dem Rathaus kam, einem Leichenzug begegnet. Es heißt, daß das Unglück bedeutet, doch in diesem Jahr war mir nichts passiert, an jenem Tag war ich nicht verletzt worden. Das Pech hatte mir vielmehr noch ein Jahr lang Zeit gegeben.

Andrés hatte uns seinen Wagen geliehen, schneller und komfortabler als unserer, damit wir auch lange Strecken bequem zurücklegen konnten. Am Abend vorher hatte ich in einer kleinen Stadt in der südspanischen Provinz Huelva gekämpft.

Der Jungstierkampf am Morgen in Egea de los Caballeros lief nicht gut, ich hatte kein rechtes Glück. Wir besorgten uns ein paar Sandwiches und fuhren Richtung Loeches. Als wir ankamen, war es praktisch schon Zeit, uns umzukleiden. Ich zog mir im Rathaus meine Stierkampftracht an. Kaum kam ich in die Arena, da erwischte mich auch schon der Stier.

Die Arena von Loeches ist sehr eigentümlich gebaut. Sie wird von Eisenstangen eingefaßt. Nach oben hin kommen dann die Ränge, doch das Publikum kann auch unten stehen, hinter den Eisenstangen. Es gibt keinen *callejón*, die von der Barriere aus Planken abgetrennte, schmale Gasse zwischen Arena und Rängen, sondern nur die *burladeros*, den Plankenschutz für die Toreros. Die Zuschauer können ganz leicht in die Arena kommen, indem sie unter den Eisenstangen hindurchschlüpfen. Das Dorf hatte gerade seine Feria, und das Publikum lief in Feststimmung in die Arena, versuchte, den Stier zu berühren, und lenkte ihn damit ab.

Ich stellte mich vor die Planken, um den jungen Stier zum Stehen zu bringen. Ich wollte ihn links mit der *capa* nehmen, doch ein Mann kam herausgelaufen und lenkte ihn ab, und der Stier traf mich genau von vorn. Das Tier visierte mich nicht einmal an, ich hatte keine Zeit, irgend etwas zu tun. Er traf mich mit dem Horn genau in den Unterleib.

Mehr als alles andere taten mir die Nieren und der Rücken weh. Er hatte mich mit aller Kraft getroffen, denn er war ja gerade erst herausgekommen. Er warf mich hoch und ließ mich wieder fallen, trampelte auf mir herum, hob mich noch einmal auf und warf mich nieder, gerade so als sei ich sein Spielzeug. Das ging alles sehr schnell, in Bruchteilen von Sekunden. Als ich erst einmal auf dem Boden lag, war er nicht mehr von mir wegzubringen. Ich versuchte, mein Gesicht und meinen Kopf zu schützen. Ich dachte dabei an nichts. Instinktiv wehrte ich mich nur, so gut es ging, mit Händen und Armen.

Als ich aufstand, sah ich, daß ich ein kleines Einstoßloch hatte, das aber kaum blutete, ich dachte nicht, daß es von großer Bedeutung sei.

Der Arzt untersuchte mich im Erste-Hilfe-Raum. Es war wieder die Hölle. Er konnte mit dem Finger nicht auf den Grund der Wunde gelangen. Die Verletzung war schwer, das Horn war bis zum Rücken durchgedrungen. Aber es hatte meine Gebärmutter nicht in Mitleidenschaft gezogen, sondern die inneren Organe nach den Seiten weggedrückt und war glatt hineingegangen. Man operierte mich nicht in der Arena, es war ja kein Blutgefäß verletzt. Wenn eine Vene oder, schlimmer noch, eine Arterie getroffen gewesen wäre, hätte man mich gleich dort operieren müssen. Doch als sich herausstellte, daß es nicht so war, zog man vor, mich ins Krankenhaus zu bringen, um feststellen zu können, wie tief die Hornwunde war und ob es innere Verletzungen gab. Man brachte mich eilig mit dem Krankenwagen fort.

Die Wunde tat gar nicht so sehr weh, was schmerzte, war der ganze Körper. Vor allem die Schmerzen im Rücken hielt ich kaum aus. Erst im Krankenwagen begann ich zu ahnen, wie schwer die Verletzung sein konnte.

Wir brauchten nicht lange zum Krankenhaus. Alle Operationssäle waren belegt, man machte die Routineuntersuchungen, Blutentnahme, Notversorgung. Dann das Warten und später die Operation.

Als ich aus der Narkose erwachte, sah ich meine Mutter, die sich über mich beugte, mit Augen voller Zärtlichkeit und Übermüdung, und auf den Lippen sorgenvolle Worte.

»Wie fühlst du dich?«

»Mama!«

Ihr Gesicht kam noch näher, und ich bemühte mich, sie anzusehen. Ich sah ihr zartes, rundes Gesicht, ihren unschuldigen Gesichtsausdruck, durch den sie noch jünger wirkt, als sie ist,

73

ihre kastanienbraunen Augen, die die meinen suchten, welche mir jedoch zufielen, ohne daß ich etwas dagegen unternehmen konnte.

»Wie fühlst du dich?« fragte sie noch einmal und strich mir über die Stirn.

»Mama, ich sag's dir morgen, jetzt bin ich sehr müde.«

Am nächsten Tag erwachte ich mit klarem Kopf. Meine Mutter beruhigte sich, als sie sah, daß ich ihr in die Augen schauen konnte. Sie nahm mich in den Arm.

Ich fühlte mich in ihren Armen sicher, und als erstes fiel mir ein, meinen Vater zu fragen: »Papa, wann gehen wir zum Stierkampf? Wann kann ich wieder kämpfen?«

»Vergiß es für diese Saison, jetzt ist es erst einmal vorbei«, antwortete er. »Das Horn ist dir bis in den Rücken hinaufgedrungen. Gott sei Dank hat es dir keinen Knochen und kein inneres Organ verletzt, aber es ist eine schwere Wunde. Diese Saison ist für dich vorbei.«

Ich hatte wieder eine Auszeichnung bekommen, die mich zum Pausieren zwang. Die zweite Medaille war nicht wie die erste, auf die ich im Krankenhaus fast stolz war, die zweite Verletzung war sehr, sehr schmerzhaft. Es mag sein, daß die Narben Trophäen sind, doch man muß einen hohen Preis für sie zahlen.

Die Narbe, die der Hornstoß verursacht hatte, war sehr klein, die der Operation dafür sehr groß. Ich bekam eine Vollnarkose, und man mußte mich sehr weit öffnen, um den Wundkanal zu finden. Aus der Narkose aufwachen, Übelkeit, Schmerzen in der Wunde beim Versuch, mich zu übergeben.

Es kamen mich ungeheuer viele Leute besuchen, und dabei wollte ich überhaupt niemanden sehen. Ich war zwar dankbar für den Besuch, doch redeten sie alle durcheinander. Ich gab mir die größte Mühe, ihnen zuzuhören, halb schlafend ans Bett gefesselt, und wünschte mir, daß sie wieder gingen. Ich hatte keine Kraft, ihrer Unterhaltung zu folgen. Ich wollte nur ausruhen und noch einmal ausruhen.

Vierzehn Tage lang blieb ich im Krankenhaus. Vierzehn lange

74

Tage, die zäh verstrichen, und der Wunsch herauszukommen wurde immer größer.

»Morgen gehe ich nach Hause«, sagte ich jedesmal zum Arzt, wenn er zu mir ins Zimmer kam.

»Bevor du nicht völlig wiederhergestellt bist, kannst du nicht gehen, du darfst auch nicht das kleinste bißchen Fieber mehr haben«, antwortete er mir.

Das Horn eines Stieres kann Infektionen hervorrufen. Man hatte mir die Wunde zwar gut gereinigt, als man die Verletzung untersuchte, doch konnte sie immer noch Probleme bereiten und die Heilung verzögern. Ich zog es vor, nicht daran zu denken, aber als der Arzt mir sagte, daß ich noch Fieber hätte, wurde ich doch etwas nervös.

Die Saison war für mich vorüber, auch wenn ich anfangs gedacht hatte, ich könnte bei den letzten Corridas im Oktober vielleicht noch kämpfen. Es war vorbei, und ich mußte es akzeptieren. Das Krankenhaus war deprimierend für mich. Die Krankheit ist nicht das schlimmste Problem, es ist die Trauer, die einige der Patienten um sich verbreiten, und das Gejammer einiger Verwandter.

Ich hatte im Krankenhaus das Gefühl, nur vom Unglück umgeben zu sein. Eines Tages saß ich mit der Schwester meines Vaters am Fenster, mit der Infusion am Arm, als ich vor dem Fenster einen Mann vorbeifliegen sah. Ich hatte einfach so nach draußen geschaut, als er vor meinen Augen hinunterfiel. Zuerst hatte ich gedacht, es sei eine Puppe gewesen. Ich sagte zu meiner Tante: »Sieh mal hinaus, ich glaube, da ist jemand hinuntergefallen.« Ich konnte meine Erregung kaum unter Kontrolle halten und fing an zu zittern. Ich hatte einen Menschen fallen sehen, einfach so. Ich glaube, er ist nicht gestorben, sondern brach sich nur die Arme und ein Bein.

Nach Hause gehen. Gesunde Luft atmen.

Mich erholen. Es dauerte sehr lange, bis ich mich wieder strecken konnte. Ich war ganz dünn geworden und hatte dennoch einen vorstehenden Bauch. Mein Leib war geschwollen, dabei wollte ich doch um keinen Preis dick werden. »Du bist blaß wie eine Leiche«, sagte meine Mutter. Der Bauch störte mich, wegen meines Aussehens.

Als ich das Krankenhaus verließ, ging ich immer noch gebückt wie eine alte Frau. Die ersten Tage zu Hause konnte ich noch gar nichts tun. Nach und nach, in dem Maße, wie ich wieder zu Kräften kam, begann ich wieder zu gehen. Anfangs wurde ich immer ganz wütend, wenn ich daran dachte, wie gut ich mich vorher gefühlt hatte, und wie schlecht ich mich jetzt fühlte. Ich konnte nicht laufen, ich konnte nicht springen, mein ganzer Körper schmerzte. Doch der Wille kann Berge versetzen, er muß nur stark genug sein. Ich trainierte jeden Tag ein wenig.

Der amerikanische Alptraum

Ich bekam wieder Kontakt zu den Franzosen. Sie riefen mich an. Wir trafen uns mit ihnen und unterschrieben einen Vertrag, ein Rechtsanwalt beriet uns, ich benutzte nicht den Normvertrag für Toreros.

Meine Zeit auf der Stierkampfschule ging zu Ende. Ich begann den Stierkampf mit Pferden und Picadores, hatte meine eigenen Manager. Ich verabschiedete mich von meinen Kollegen.

Gregorio Sánchez war ein bißchen traurig, außerdem mochte er meine neuen Manager nicht. Er mißtraute ihnen. Gregorio holte Erkundigungen über sie ein. Man sagte ihm, daß sie nicht gut für mich seien, daß sie nicht sehr angesehen wären, einer von ihnen sei Matador gewesen, jedoch ohne großen Erfolg.

Man hatte uns gewarnt, doch weil sich sonst niemand interessiert zeigte und wir außerdem einen sehr guten Vertrag unterschrieben hatten, meinten wir, wir hätten nichts zu verlieren. Mit dem Stierkampf Geld zu verdienen ist sehr schwierig, und sie hatten es uns sehr leicht gemacht. Mein Vater zögerte gehörig, doch schließlich stimmte er zu, weil die Vertragsbedingungen so gut waren.

Ich war noch geschwächt von der zweiten Hornverletzung, war nicht mehr in Übung, hatte den Rhythmus mit dem Stier verloren. Ich fühlte mich ein wenig unsicher, denn ich hatte ja eine ganze Weile nicht gekämpft, und die Erinnerung an die Verletzung war noch sehr frisch. Mein Manager wollte, daß ich mein Debüt mit Picadores in Amerika machte, damit ich dort mein Selbstvertrauen zurückgewänne und wieder ganz auf der Höhe wäre, wenn ich danach in Spanien kämpfen würde.

Im Oktober reiste ich nach Frankreich. Ich tötete drei Stiere von denen, die irgendeinen Mangel haben, der sie für die Arena unbrauchbar macht, einen schlechten Huf, ein zu leichtes Horn. Eine Woche verbrachte ich im Hause eines französischen Matadors, zusammen mit meinem Vater und dem Manager. Dort kämpfte ich gegen eine Reihe Kühe und ein paar ganz schlechte Stiere. Es ist besser, gar keinen Stier zu töten, als einen schlechten. Mein Manager brachte mir drei, von denen niemand wußte, woher sie kamen, noch, wem sie gehörten. Zweijährige Stiere, ein Jahr älter als die, die ich bisher getötet hatte. Die Art des Stiers ändert sich, je älter er wird. Die Stierkälber sind verspielter, wie die Kinder. Der ausgewachsene Stier ist etwas ganz anderes, er hat einen anderen Blick und ist viel wachsamer.

Nach zweieinhalb Monaten ohne zu kämpfen ließen sie mich jetzt gegen schlechte Stiere antreten. Körperlich fühlte ich mich gut, wenn auch nicht hundertprozentig, doch ich konnte normal kämpfen. Nachdem ich diese Stiere getötet hatte, war ich vollkommen frustriert. Im Sommer zuvor war ich wirklich sehr gut gewesen, hatte viel Kraft gehabt, große Lust, viel Energie. Und plötzlich sah ich nicht mehr klar, als hätte ich einen Schleier vor den Augen. Es machte mir Sorgen.

Mein Debüt in Quito, Ecuador, war vorbereitet. Ich ging auf meine zweite Amerikareise, eine neue Vorfreude. Nach Amerika zu fliegen, das kann nicht jeder, dorthin kommen nur die berühmten Toreros. Zum ersten Mal den Stier mit Pferden bekämpfen.

Quito. Die Höhe, die dünne Luft. Es gibt Toreros, die hier höhenkrank geworden sind, man kann keine großen Anstrengungen unternehmen, es dauert doppelt so lange, bis man sich wieder erholt hat. Man muß mit seinen Kräften haushalten. Wenn man einen Stier erwischt, der viel läuft, muß man warten, bis er wieder zurückkommt, man darf nicht hinter ihm herlaufen.

Die jungen Stiere waren riesig, für den ersten gab man mir ein Ohr. Der zweite war besonders schlecht. Wir standen allein in der Arena, mein Vater und ich, die anderen Banderilleros wollten nicht herauskommen, weil ihnen der Stier zu gefährlich war. Beim ersten

Manöver mit der *muleta* erwischte mich der Stier. Ich fiel und verlor das Bewußtsein. Ich war noch nicht genügend ausgebildet für diese Art von Stier. Man brachte mich auf die Krankenstation, und ich kam nicht mehr heraus. Der nächste Torero tötete meinen Stier. Als ich wieder bei Besinnung war, fuhren wir ins Hotel. Ich war sehr traurig, obwohl ich mich freute, daß es bei dem ersten so gut gelaufen und das Publikum so nett zu mir gewesen war. Die spanische Presse berichtete ausführlich über meinen Kampf. Die Journalisten behandelten mich sehr gut.

Die nächste Corrida sollte in Bogotá stattfinden. In Bogotá ging es mir sehr schlecht in jenem Jahr. Mein Vater und ich waren allein. Um meine Kämpfe in Amerika kümmerte sich der Vater von César Rincón, Gonzalo Rincón. Mein französischer Manager sollte sich um die Kämpfe in Spanien kümmern. Gonzalo gab sich alle Mühe, aber die Dinge liefen nicht so, wie sie laufen sollten. In Kolumbien nahm ich auch an mehreren Probekämpfen teil, ohne allzuviel Glück dabei zu haben.

In Spanien kannten wir die Zuchtställe und wußten, ob die Stiere gut oder schlecht sein würden. In Bogotá kannten wir uns nicht aus, man brachte uns von einem Ort zum anderen, und wenn es hier schlecht lief, dann lief es dort nur noch schlechter. Man hatte uns gesagt, daß jede Menge Kämpfe vorbereitet seien, doch wenn es dann soweit war, gab es immer irgendeine Ausrede, warum die Corrida nicht stattfinden konnte. Unter diesen Bedingungen war es nicht gerade leicht, bei guter Stimmung zu bleiben. Es war das erste Mal, daß wir so lange alleine unterwegs waren, unser Aufenthalt in Bogotá dauerte einen ganzen Monat.

Oft blieben mein Vater und ich im Hotelzimmer, ohne zu wissen, was wir tun sollten. Die Angst nimmt in dem gleichen Maße zu, wie sich die Bewegungsfreiheit einschränkt. Uns lähmte sie fast. Die Warnungen vor den Gefahren dieser riesigen Stadt nahmen uns die Lust auf Ausflüge und reduzierten unseren Spielraum auf ein paar Blocks in der Nähe des Hotels. Dort gingen wir zwei alleine aus.

»Keine Angst, ich bin ja bei dir«, sagte mein Vater, »es wird schon alles gutgehen. Wir sind zwar weit von zu Hause weg, aber du weißt, ich bin bei dir.«

»Ja, Papa, aber ich möchte nach Hause.«

»Komm schon, Cristina«, tröstete er mich, »laß uns noch ein wenig aushalten. So läuft das halt. Du darfst nicht glauben, daß immer alles rosarot aussieht. Die Dinge laufen eben nicht immer gut. Jetzt kommen schwierige Zeiten, und wir müssen damit umzugehen wissen. Du darfst jetzt nicht schlappmachen, du darfst dich nicht so hängen lassen und einfach weinen.«

Ich wollte gar nicht mehr aufhören zu weinen, und wenn ich einen Brief schrieb, dann wurde der nie fertig, weil ich zu weinen anfing, sobald ich an meine Mutter dachte. Ich hätte am liebsten jeden Tag mit ihr gesprochen, aber ich konnte sie ja nicht andauernd anrufen. Die Telefongespräche mußten wir uns gut einteilen, denn das Geld war knapp und wir verdienten nichts. Wir aßen in billigen Lokalen und beschränkten uns darauf, Schaufenster anzusehen.

Mein Vater versuchte mir Mut zu machen, aber es half nichts, ich war schrecklich deprimiert. Ohne Freunde, ohne Kontakte in einer fremden Stadt zu sein, wo das Überqueren einer Straße ein Abenteuer ohne Wiederkehr sein konnte. Ich weinte viel. Mein Vater und ich teilten uns ein Zimmer, und ich konnte sehen, wie traurig er war. Unsere gemeinsame Traurigkeit brachte mich in eine Verzweiflung, die ich nie zuvor gespürt hatte.

Da tauchte wie eine rettende Insel der Oberst Belarmino Pinilla in unserem Leben auf. Herzlich, jovial und gastfreundlich vom ersten Augenblick an. Gonzalo Rincón stellte ihn uns vor. Als er erfuhr, daß wir allein im Hotel wohnten, lud Belarmino uns zu sich nach Hause ein. Wir wurden gleich gute Freunde.

Wir hatten uns mehrmals zum Essen getroffen, da schlug er uns vor, bei ihm zu wohnen. So zogen wir zu ihm nach Hause, wo er mit seiner Tochter und seinem Enkelkind wohnte. Man brachte uns in eigenen Zimmern unter, eines für meinen Vater und eines für mich. Die Atmosphäre war schon besser, familiärer, wir waren nicht mehr so allein.

80

Der Oberst half uns sehr, keine Mühe war ihm zuviel, er gab uns seine Wagenschlüssel, bot uns alles an, ohne etwas dafür zu erwarten. Ich konnte nach Spanien telefonieren, sooft ich wollte, als ob ich bei mir zu Hause wäre. Er gab uns Ratschläge, auf wen wir hören sollten und auf wen nicht, wohin wir gehen sollten, und welche Orte wir besser meiden sollten. Er kannte viele Leute und war überall sehr beliebt. Durch ihn lernten auch wir viele Leute kennen.

Der Tag des Stierkampfs in Bogotá kam, wir hatten die Stiere der Corrida gesehen, sie waren groß und es war schwer, sie richtig einzuschätzen. Doch es mußte gekämpft werden. Mein Vater ging zur Auslosung, ich zog mich in einem Hotel gegenüber der Arena um. Avila kam als mein Degenknecht, Campoelías Avila Moreno, ein Mann, der mir immer Mut macht, weil er an mich glaubt. Wir gingen zur Arena hinüber, ich war sehr nervös, sehr besorgt, denn ich wußte, daß die Stiere sehr stark waren. Es war mein zweiter Stierkampf auf dieser Reise.

Der erste Stier war sehr schlecht. Ebenso der zweite. Dann kam meiner heraus, auch sehr schlecht. Er hatte einen großen Kopf und riesige Hörner. Die Hörner waren so lang wie Arme. Ich war sehr beeindruckt, denn ich war es nicht gewohnt, so große Stiere mit solch riesigen Hörnern zu sehen. Ich tötete den Stier ordentlich und ohne große Probleme.

Im zweiten Teil des Stierkampfs schickte der erste Stier den Matador und einen Banderillero auf die Krankenstation. Der zweite schickte den zweiten Matador und einen zweiten Banderillero zum Arzt. Jetzt waren also beide Matadore und zwei Banderilleros verletzt, und nur ich war noch übriggeblieben. Der Stier stand alleine in der Arena. Wenn der Matador nicht aus der Krankenstation zurückkam, dann mußte ich in die Arena hinaus und ihn töten. Die Truppe von Joselito war da, sie sagten: »Warte noch ein Weilchen, das Letzte, was du tun mußt, ist, jetzt hinauszugehen. Vielleicht kommt ja einer der Matadore zurück. Warte ab, sieh nur, wie schwierig dieser Stier ist, wie böse.«

Ich wartete also. »Hoffentlich kommt jemand heraus, um Himmels willen, hoffentlich kommt jemand!« Schließlich kam der Matador aus der Krankenstation, ziemlich übel zugerichtet, und beendete seine Arbeit.

Mein Stier ging, als er in die Arena kam, sofort auf mich los. Anstatt mir zu gehorchen und seitlich vorbeizugehen, als ich ein Manöver mit der *capa* machte, nahm er mich direkt von vorn. Ich ließ die *capa* fallen und warf mich kopfüber über die Barriere in den *callejón*. Ich schwitzte Blut und Wasser. Die Matadore auf der Krankenstation, die Stiere schlecht, alles lief falsch. Aber ich mußte jetzt wieder hinein, ich konnte nicht einfach aufgeben und mich von der Atmosphäre, die dort herrschte, anstecken lassen. Das Publikum hatte Angst, und Angst ist ansteckend. Ich mußte genügend Mut und Selbstvertrauen aufbringen, um mich nicht anstecken zu lassen.

Mein Vater nahm den Stier an und brachte ihn zum Stehen. Der junge Stier wirkte, als sei er schon bekämpft worden, er verhielt sich äußerst merkwürdig. Er erwischte einen meiner Banderilleros und schickte ihn auch auf die Krankenstation. Nachdem er vom Pferd aus mit der Lanze gestochen worden war, änderte sich sein Verhalten. Richtig gut war er zwar immer noch nicht, aber wenigstens gehorchte er der *muleta*. Statt langer Manöver mit der *muleta* wollte ich gleich zum Stoßdegen greifen, mit dem getötet wird. Doch dann beschloß der Stier anzugreifen, und der Kampf wurde besser. Als es schließlich vorbei war, hatte ich ein gutes Gefühl, aber die Momente, die ich in jener Arena verbracht hatte, die wünsche ich niemandem. Die Arena von Bogotá behielt ich in schlechter Erinnerung.

Ich verbrachte Weihnachten in Amerika, es war das zweite Mal, daß ich an Heiligabend nicht in Spanien war, sondern fern von zu Hause, ohne meine Mutter, ohne meine Schwestern. Heiligabend feierten wir im Hause des Obersts, mit ihm und seiner Familie, traurig, weil wir so weit weg von zu Hause waren, und froh, nicht alleine zu sein. Bald würden wir nach Spanien zurückkehren, um den Jahreswechsel mit unserer Familie zu verbringen.

Der nächste Kampf sollte in Cali stattfinden, mein erster Stier-kampf dort mit Pferden. Der Sturz in Quito hatte mir die Hals-wirbel verdreht, ich litt unter Schwindel, und der Arzt hatte mir Ruhe verordnet.

So blieb ich im Hause des Obersts in Bogotá, um mich zu erholen, während mein Vater im Auto mit einem Freund nach Cali fuhr. Unterwegs, als sie durch die Berge kamen, gelangten sie an eine Zahlstation, wo ein junges Mädchen Straßengebühren kassierte. Sie näherten sich dem Häuschen und waren nur noch gut zweihundert Meter von ihm entfernt, als mein Vater, der halb schlief, seinen Begleiter sagen hörte: »Um Himmels willen! Die Guerilla!« und durch das Rattern eines Maschinengewehrs gänz-lich wach wurde. Er öffnete die Wagentür, ließ sich aus dem Wagen fallen und den Hang hinunterrollen. Der Fahrer bückte sich, um nicht von den Kugeln getroffen zu werden. Mein Vater hatte noch nie den Lärm eines Maschinengewehrs gehört. Völlig verstört kletterte er, als die Schüsse verstummten, wieder den Hang hinauf und fand das Mädchen tot in ihrem Häuschen liegen. Man hatte sie erschossen, um ihr die Tageseinnahmen zu rauben, nicht mehr als ein paar Pesos. Mein Vater und sein Freund setzten voller Angst ihre Reise fort und zitterten bei dem Gedanken, daß sich dieser Schrecken unterwegs wiederholen könnte. Von Cali aus rief er mich an. Ich fiel in eine schwere Depression, als er mir davon erzählte.

»Papa, ich weiß nicht, was du tun willst, aber ich fahre zurück nach Spanien.«

Mein Vater versuchte mich zu beruhigen.

»Warte, bis ich wieder in Bogotá bin, du kannst mich doch nicht einfach so im Stich lassen.«

»Ich will dich ja nicht im Stich lassen. Aber ich halte es hier nicht mehr aus, ich will hier weg.«

»Warte noch, bis ich die Stiere gesehen habe, dann komme ich sofort wieder.«

Mein Vater traf einen spanischen Torero, Manuel Cascales, bevor er sich die Stiere ansah.

»Antonio, diese Stiere sind sehr groß. Das ist eine schwierige Sache«, sagte Manuel zu meinem Vater.

»Aber das ist doch erst der zweite Kampf mit Picadores, den Cristina macht. Wie können sie ihr da ausgewachsene Stiere zumuten?« fragte mein Vater zurück. Nachdem er mit Manuel Cascales gesprochen hatte, fuhr er mit dem Sohn von Abraham Domínguez zum Calimasee.

Der Calimasee ist ein herrlicher Ort, wie ein Traum, doch konnten sie von dort aus die Guerilla sehen, und der Traum verwandelte sich in einen Alptraum.

Als sie auf das Gut kamen, wo sich die Stiere befanden, sah mein Vater im ersten Gatter sechs Stiere. Niemand sagte ihm, daß dies meine waren, und als sie zum Gutshaus kamen, fragte er ahnungslos: »Sind die Stiere weit von hier weg?«

»Es sind die, die du im ersten Gatter gesehen hast«, war die Antwort.

»Aber das sind ja richtige Monster!«

Sie waren riesig: große, ausgewachsene Stiere. Mein Vater war ganz niedergeschlagen, weil sich dort niemand an das hielt, was verabredet worden war.

Nachdem er die Stiere, gegen die ich in Cali kämpfen sollte, gesehen hatte, rief er mich wieder an: »Hör zu, Cristina, hier wirst du nicht kämpfen. Es hat keinen Sinn, mit offenen Augen ins Unglück zu rennen. Es gibt keinerlei Sicherheit, so etwas muß anders angegangen werden. So sollte Stierkampf nicht sein. Beruhige dich, ich komme jetzt zu dir. Warte, bis ich wieder da bin, dann kehren wir gleich nach Spanien zurück.«

Oft fragt man sich, wenn man sich zurückerinnert, wie man manche Sachen hat aushalten können, ohne aufzugeben. Mein Vater und ich waren ganz allein, konnten nur mit der Unterstützung von Belarmino Pinilla rechnen. Ich fand nirgendwo Trost, wurde nur immer deprimierter.

Die Frustration. Es ist einfacher, eine Niederlage zu akzeptieren, wenn man selbst die Schuld daran trägt. Wegen meiner Karriere war ich nicht enttäuscht, denn ich persönlich konnte nichts dazu.

Die Schuld hatten andere, und das war es, was mich so ohnmächtig machte.

Ich versuchte, mich von meiner Mutter trösten zu lassen. Ich rief sie in Spanien an, wann immer ich konnte, hörte ihre Stimme und wurde nur noch trauriger.

»Mach dir nichts draus, so ist das eben. Das kommt schon wieder in Ordnung. Weine nicht soviel.«

Ich glaube, ich weine mehr als irgend jemand sonst auf der Welt, aber in Amerika habe ich mich selbst übertroffen.

Es gab einen Vertrag, Bedingungen mußten erfüllt werden. Man erwartete mich in Cali, die Spannung war groß, nicht nur, weil man in Amerika einer stierkämpfenden Frau mehr Aufmerksamkeit schenkt, sondern auch wegen meines Sieges vom Vorjahr. Ich wollte das Publikum nicht enttäuschen, aber ich vermutete, daß ich in meiner körperlichen Verfassung nach dem Sturz von Quito bei meinem Debüt mit den Picadores ein sicheres Desaster erleben würde. Ich fragte den Arzt um Rat. Der riet mir zu Ruhe und meinte, ich solle auf keinen Fall kämpfen. Er verpaßte mir einen Stützkragen und stellte mir eine Bescheinigung aus, die ich an die Arena in Cali schickte. Das gab einen riesigen Aufruhr. Die spanische Presse suchte mich überall.

Am Tag, als ich in Cali kämpfen sollte, war ich in Bogotá und verfolgte den Stierkampf im Radio. Es lief ganz schlecht.

»Jetzt verstehe ich, warum Cristina nicht gekommen ist«, sagte der Sprecher, Manolo Molés. »Wir müssen Cristina Sánchez in Bogotá auftreiben oder im Flugzeug. Irgendwo werden wir sie schon finden und mit ihr sprechen, heute noch.«

Ich saß verzagt im Hause des Obersts und hatte Angst, mich der Enttäuschung des Publikums zu stellen, die ich selbst verursacht hatte. Wie sollte ich nur erklären, daß meine Absage keine Beleidigung des Publikums sein sollte? Die Abreise nach Spanien war für den nächsten Tag geplant.

Die Presse fand mich ganz einfach durch die Adresse des Arztes auf dem Attest, sie riefen ihn an, und er sagte ihnen, wo ich mich befand. Ich gab ein Telefoninterview und erzählte, was geschehen war, einige glaubten es und andere nicht. Aber dieses Dilemma gibt es immer, und man hat keine Möglichkeit, sich davor zu schützen. Zurückkehren, die Pechsträhne durchbrechen. Den Mißerfolg eingestehen. Es war das erste Mal gewesen, daß ich ohne den Rückhalt der Schule gekämpft hatte, weit weg von zu Hause. Meine erste harte Erfahrung in der Welt des Stierkampfs. Bis dahin hatte ich nur Anerkennung erfahren, war für meinen harten Kampf in angemessener Weise belohnt worden und hatte das Gefühl, mich auf dem richtigen Weg zu befinden. Dann kam die tiefe Krise, in die mich meine erste Hornverletzung stürzte, die Probleme, die auf mich niederprasselten, ohne daß ich mir erklären konnte, weshalb: die zweite Verletzung, die schlechten Stiere in Frankreich, die verpatzte Amerikatournee.

Ich wollte nur noch heimreisen, wieder nach Spanien zurückkehren. Außer der Freundschaft des Obersts und seiner Familie und der Zuneigung des amerikanischen Publikums hatte ich noch einen schweren Koffer im Gepäck: die Enttäuschung.

Es begleiteten mich die Niederlagen und die Sehnsucht nach meiner Familie. Bevor ich den Flughafen von Bogotá erreicht hatte, hatte ich das Gefühl, niemals dieses Land verlassen zu können, niemals nach Spanien zurückzukehren. Meine Stimmung besserte sich erst, als sich das Flugzeug in die Luft hob, da bekam ich wieder Lust zu leben. Fest drückte ich die Hand meines Vaters, und er lächelte mich mit einem Augenzwinkern an.

Endlich war ich wieder in Spanien. Ich verbrachte den Jahreswechsel bei meiner Familie und vergaß beinahe den amerikanischen Alptraum. Dabei half mir die Freude darauf, bald wieder zu kämpfen, und das Vertrauen in meine neuen Manager.

Die Feiertage waren vorüber, ich hatte nicht viel trainieren können. Nach dem Dreikönigstag begann ich dies mit Begeisterung nachzuholen: Ich sollte im Stierkampf mit Pferden in Spanien debütieren. Das amerikanische Debüt wollte ich lieber vergessen.

Ich trainierte morgens und nachmittags, völlig auf diesen Tag fixiert. Stierkampf mit Pferden, mit Picadores. Eine Stufe höher steigen. Mich wieder einmal den Stimmen stellen, die sagten, ich solle mein Debüt lieber noch ein Jahr verschieben, den »wohlmeinenden« Kommentaren derjenigen, die behaupteten, wir seien verrückt, die Stiere seien zu schwierig, das sei es nicht wert, ich solle mit dem zufrieden sein, was ich mit dem Stierkampf gegen die Kälber verdiente. Wie immer die entmutigenden Worte. Wie immer der Kampf gegen die Unkenrufe der anderen.

Mein Vater und meine Manager hielten es für richtig, eine Entscheidung zu treffen, und gemeinsam einigten wir uns auf einen Termin. Am 13. Februar sollte ich in Valdemorillo im Stierkampf mit Pferden debütieren, bei der ersten Feria der spanischen Saison. Es war eine gemischte Corrida mit zwei weiteren Matadoren, José Luis Seseña und Paquiro. Ich würde gegen zwei Jungstiere aus dem Stall Peña kämpfen.

In der Nacht vor dem Ereignis schlief ich kaum. Genau wie an dem Tag, als ich achtzehn wurde, dachte ich, daß sich mein Leben am folgenden Tag völlig ändern würde. Damals glaubte ich, daß ich mit der Volljährigkeit auch erwachsener würde, doch am Morgen meines Geburtstages stellte ich fest, daß es ein Morgen war wie alle anderen, ein Tag wie alle anderen, daß ich dieselbe geblieben war und mich nicht im geringsten verändert hatte. Doch als ich am Morgen nach meinem Debüt beim Stierkampf mit Pferden erwachte, da spürte ich die Veränderung, die ich damals nicht bemerkt hatte, so als sei das Ereignis des Vorabends etwas so Wichtiges gewesen, daß es mich ganz von allein hatte reifen lassen.

Als ich mich in Valdemorillo auf den Kampf vorbereitete, war es kalt, sehr kalt. Es war Mitte Februar, und die kleine Stadt liegt in den Bergen von Madrid. Eine Menschenmenge füllte den Hof der Stierkämpfertruppe. Ein Heer von Fotografen. Fernsehkameras. Ihre Anwesenheit ließ mich die große Verantwortung spüren, den Erwartungsdruck. Wenn ich siegte, würde die Nachricht durch die ganze Presse gehen, wenn es aber schlecht ausging, dann würden sie es genauso bringen.

Ich trat sehr nervös in die Arena. Meine gesamte Familie war da, meine Mutter, meine Schwestern, meine Onkel und Tanten. Es war ein wichtiger Tag, wie mein erster Stierkampf, wie mein Debüt in Quito.

Der erste Jungstier war kastanienbraun, mit ihm ging es schon recht gut, doch beim zweiten lief es noch besser. Man überreichte mir ein Ohr. Ich war zufrieden mit meiner Vorstellung. Es war ein guter Anfang. Von den Corridas in der Provinz erfährt normalerweise nie jemand etwas, ob sie nun gut oder schlecht ausgehen. In meinem Fall war es etwas anderes, von meinem Erfolg oder Mißerfolg hingen die nächsten Verträge ab. Und ein schlechter Tag, ein kleiner Mißerfolg wird, wenn man eine Frau ist, zu einem großen Mißerfolg. Man wartet nur darauf, daß ich einen Fehler mache.

Ich hatte ein Ohr bekommen, ich war sehr zufrieden. Nach allem, was ich in Amerika erlebt hatte, schien es nun langsam wieder aufwärts zu gehen.

In meinem kleinen Zimmerchen im einzigen Hotel von Valdemorillo zog ich mir die Stierkampftracht aus und spürte, welches Gewicht damit von mir abfiel.

Ich aß zusammen mit meiner *cuadrilla*, meiner Truppe, und auch mit ihnen begann ein neuer Abschnitt. Zurück blieb die Truppe ohne Pferde, zurück auch in meiner Erinnerung die herzliche Freundschaft mit den Banderilleros der Stierkampfschule, Julio und »El Rubio«, und auch Emilio, mein Degenknecht, die mich von nun an alle nicht mehr begleiten würden.

Die Truppe

Mein Traum nahm Gestalt an, und er wuchs noch mehr, als ich meine eigene Truppe, meine *cuadrilla* hatte, eine Tatsache, die mir das Gefühl gab, mehr von den Kollegen geachtet zu werden.

Juan José Almonte, »Candela«, und Bernardino Galán, zwei Berufsstierkämpfer und Banderilleros, die mich am Anfang meines Weges begleiteten, sind in meinen Gedanken weiterhin an meiner Seite, auch wenn sie nicht mehr zu meiner Truppe gehören.

Die Mitglieder meiner jetzigen Truppe haben in verschiedenen Abschnitten meiner Karriere mit mir zusammen gekämpft. Nur mein Vater ist von Anfang an dabeigewesen, zunächst als Banderillero, später als Degenknecht.

Meine *cuadrilla*, meine Stierkampffamilie: Jacques Mournier und Pedro Roig, Picadores; »El Chano« Vicente Llangüe, José Luis López Pirobe und José Gómez, Banderilleros; Angel, »El Vaquilla«, Assistent; und Juan José Palomares, Fahrer und Fotograf.

Ich gewöhnte mich an meine Stierkampffamilie, mit ihnen zu reisen, Witze zu machen, über die man gemeinsam lachte, mit ihnen zu Mittag und zu Abend zu essen, nachher noch zusammenzusitzen. Die langen Stunden gemeinsamen Reisens halfen uns, uns gegenseitig gut kennenzulernen. Ich wollte kein unnahbarer Matador sein, der keinen Kontakt zu seiner Truppe hat, denn es gibt Matadore, die lieber alleine reisen und ihre Truppe nur in der Arena sehen.

Ich verbrachte viele Stunden mit ihnen im Kleinbus, wir teilten unsere Anspannung, die Nervosität.

Jetzt, nachdem ich als Matadora eingeführt bin, sehe ich mich meistens gezwungen, alleine, ohne meine *cuadrilla* zu reisen, nur mit dem Fahrer und dem Degenknecht, denn ich muß vor den

Corridas Verpflichtungen wahrnehmen und deshalb eher in der Stadt sein, in der wir kämpfen werden. Ich reise schneller und einsamer, mir fehlen das Lachen und die Witze, die Gespräche, die Gesellschaft von ihnen allen.

Meine Truppe achtet mich, und ich achte meine Truppe. Es sind gute Leute, und es ist bestimmt nicht ganz leicht, der *cuadrilla* einer Frau anzugehören. Ich weiß, daß sie Bemerkungen, Blicke, Andeutungen hinnehmen müssen. Den meisten Männern fällt es schwer zu verstehen, daß meine Truppe eine Frau als Chefin hat, ohne daß sie etwas Schlüpfriges dabei denken. Die Kleingeister können sich nicht vorstellen, daß meine *cuadrilla* mich respektiert. Und es muß ihr tatsächlich schwergefallen sein, sich mir gegenüber richtig zu verhalten, denn eine Gruppe von Männern ist eine Gruppe von Männern. Ich habe mich immer bemüht, daß sie sich dadurch, daß ich eine Frau bin, nicht befangen fühlen. Das gegenseitige Vertrauen ist grundlegend gewesen dabei, daß wir uns miteinander wohl fühlen. Die Harmonie. Und der Respekt. Meine *cuadrilla* hat mich nie als Frau wahrgenommen, für sie bin ich immer nur Matador gewesen. Und die Person des Matadors gebietet Respekt.

Ich gebe nicht allzuviel darum, aber es ist schon wichtig, respektiert zu werden, gerade in diesem Beruf. Es würde mir nicht gefallen, wenn jemand käme, mir auf die Schulter klopfen und sagen würde: »Na, wie läuft's denn so, Torera?« Das wäre wirklich nicht sehr angenehm.

Sechs Stiere und eine Frau

Im ersten Jahr des Stierkampfs mit Pferden und Picadores kämpfte ich in Toledo gegen sechs Jungstiere. Sechs Stiere für mich allein. Ich war die erste Frau, die so etwas tat.

»Sechs Stiere, das sind sechs Stiere, nicht einer, nicht zwei, nicht drei. Werde ich noch Kraft haben, wenn der sechste herauskommt?«

Ich war stark, aber ich wußte nicht, ob meine Kräfte dafür ausreichten.

Ich zog mich im Hotel »Doménico« um, einem herrlichen Hotel mit beeindruckender Aussicht. Ich fühlte mich wohl. In einem Hotel, das einen deprimiert, ist es nicht auszuhalten. Ich brauche immer ein Zimmer mit einem Fernsehapparat, und der muß eine Fernbedienung haben, sonst bin ich verloren. Wenn ich ins Hotel komme, dann sehe ich mir zuerst die Dinge an, die mir gefallen. Mein Vater kennt das schon.

Wir gehen immer in die gleichen Hotels, aus Tradition. Hotels, die in der Nähe der Arena liegen, damit man sich nicht eine Stunde vorher schon umziehen muß. Oft wohnt der Matador in einem Hotel und seine Truppe in einem anderen. Ich gehe lieber mit allen zusammen in dasselbe. Man muß viele Stunden mit Warten verbringen, bevor es in die Arena geht, und die Einsamkeit ist für mich dann unerträglich. Ich esse gern gemeinsam mit meiner *cuadrilla*, sitze nach dem Essen mit ihnen beisammen, trinke Kaffee und plaudere mit ihnen, bevor ich schließlich in mein Zimmer hinaufgehe und mich umziehe. Manchmal geht das nicht, weil man dem Matador eine besondere Einladung zukommen läßt, nicht aber seiner Truppe.

Das »Stierkampfhotel« von Toledo ist das »María Cristina«, aber ich wußte, welche Aufregung dort entstehen würde. Bei einem solchen Trubel würde ich mit Sicherheit nicht entspannen können. Daher entschied ich mich für das Hotel »Doménico«. Es war gerade eröffnet worden, und man lud mich großzügig dorthin ein: »Komm zu uns, du wirst sehen, daß es dir gefällt. Es ist eine Ehre für uns, dich einladen zu dürfen.«

Es gab keine Auslosung, alle sechs Stiere waren für mich. Mein Vater und der Manager sagten, die Stiere seien gut, ich könne ganz beruhigt sein. Fünf Stiere hatten die tierärztliche Untersuchung bestanden, einer wurde nicht zugelassen und durch einen anderen aus der gleichen Zucht ersetzt.

Ich aß allein, ein Steak mit Salat, denn um genügend Kraft zu haben wollte ich gut essen. Als ich mich nach der Corrida auf die Waage stellte, hatte ich fünf Kilo verloren. Ich merkte es gleich daran, wie locker mir die Hose saß. Die beste Diät: sechs Stiere töten.

Ich hielt gut durch bis zum Schluß. Man trug mich auf Schultern hinaus.

Ich war die erste Frau, die sechs Stiere getötet hatte. Etwas völlig Ungewöhnliches. Ich war einundzwanzig Jahre alt.

Nach dem Stierkampf aß ich mit dem Veranstalter, José Félix. Er war noch neu in dem Geschäft, wollte mir von Anfang an helfen und gab mir viele Stiere. Seine Frau war auch dabei, ebenso mein Vater.

Als ich wieder zu Hause war, begann das Nachdenken, das Grübeln. An jeden Stier denken, den Film noch einmal zurücklaufen lassen, ganz langsam, überlegen, weshalb ich mich bei einem Stier wohl fühlte und beim anderen nicht. Warum ich einmal töten konnte, und warum es mir ein anderes Mal nicht gelang. Mit diesem hier hätte es gut laufen können und tat es nicht, an dem dort fand ich keine Fehler, an jenem anderen wohl.

Ich war glücklich, nach wie vor besessen vom Stierkampf und sehr stolz auf meine Vorstellung. Bewußt, daß ich die erste Frau war, die gegen sechs Stiere gekämpft hatte, und die das als Ehrung den anderen Frauen darbot. Obwohl ich während des Kampfes selbst nur daran dachte, daß ich sechs Stiere töten mußte, daß ich mich wie ein Torero benehmen und kämpfen mußte. Nichts sonst. Ich weiß nicht, ob mir überhaupt klarwurde, daß ich dabei war, einen Spalt in den Männlichkeitsmythos zu reißen, der die Welt des Stierkampfs beherrscht.

Torero, Torera

Manche meinen, ich habe eine Bresche geschlagen, eine Bastion erobert, die den Männern gehörte. Doch in welchem Maße mache ich wirklich den Weg für die Frauen frei, auf welche Weise nützt das, was ich tue, anderen Frauen? Ich freue mich darüber, wenn andere Frauen es so sehen, doch die Männer, diejenigen, die es eigentlich sehen sollten, denken, daß keine andere Frau das auch erreichen könnte. Sie glauben nicht, daß, wenn eine es schafft, es auch eine andere schaffen kann.

»Es ist sehr unwahrscheinlich, daß eine andere das schafft, es ist unmöglich«, sagen sie. Für mich hieße es, den Weg für die Frauen freizumachen, wenn die Männer aufhörten, so zu denken. Wenn meine Anstrengung nur den Frauen nützt, dann ist nicht viel erreicht. Es gibt immer noch Männer, bei denen wird im Kopf das Feuer mit zwei Steinen angezündet. In dieser engen Welt ist es, als sei die Zeit stehengeblieben, nichts geht voran.

Es gibt Dinge, die müssen so sein, wie sie sind. Ich will sie gar nicht ändern, ich bin nicht in die Welt des Stierkampfs gekommen, um irgend etwas zu ändern. Ich bin Torero, weil es mir Spaß macht, weil es meinem Gefühl entspricht, und weil es eine Form ist, dieses Gefühl auszudrücken, aber es interessiert mich nicht, irgend etwas zu fordern in der Welt des Stierkampfs. Ich nutze es nicht aus, Frau zu sein, denn Frau zu sein ist in meinem Beruf kein besonderer Wert. Wenn ein Mann Friseur ist oder Steward oder Krankenpfleger, dann ist er es eben und Punkt. Sie, die Männer, tun, was sie für richtig halten, was ihnen Spaß macht. Sie arbeiten in Berufen, die früher Frauen vorbehalten waren, und kein Mensch regt sich darüber auf.

Wenn ich der Tatsache, als Frau Torero zu sein, irgendeine

Bedeutung beimessen würde, dann würde ich die Unterschiede hervorheben. Viele meinen, ich müßte mir meine Stiere aussuchen können, doch ein solcher Vorteil würde mir überhaupt nichts nützen. Wenn ich zuließe, daß man mir die kleineren Stiere gibt, hieße das, meine Ohnmacht gegenüber den großen einzugestehen. Ich würde mich selbst diskriminieren. Außerhalb der Arena bin ich eine vollkommen normale Frau, doch wenn ich dort unten stehe, dann verlange ich deswegen keinerlei Privilegien. Ich möchte wie die Männer an der Auslosung teilnehmen, bei der mir der Zufall zwei Stiere zuweist, und die anderen bekommen ihre zwei auf dieselbe Weise.

Anfangs gab es das Gerücht, ich nähme nicht an der Auslosung teil, und die Presse spionierte mir nach, um das herauszufinden. Sie mußten feststellen, daß ich genauso wie alle anderen Toreros auslose. Ich möchte nicht, daß irgend jemand Gründe hat, nicht mit mir zusammen kämpfen zu wollen. Einige Matadore achten mich nicht, weil ich eine Frau bin, und suchen einen Vorwand: Ich würde mir meine zwei Stiere aussuchen, ich würde immer die kleinsten wählen. Das ist zu einfach, ich habe ihnen nie einen Anlaß geliefert, mir mit diesem Argument kommen zu können.

Ich bin nicht umsonst Matador geworden, ich bin ein Stierkämpfer. Matador. Matadora. Torero. Torera. Anfangs benutzte man das Wort »Torera« gegen mich, mit sarkastischem Unterton: »die Torera«, »die Torerita«, die kleine Stierkämpferin, und das störte mich ziemlich. Der, der mit Stieren kämpft, heißt »Torero«, doch den Beruf können Männer und Frauen ausüben. »Der Torero«, »die Torero«. Es war ja klar, daß ich anders war, und um dieses Anderssein nicht noch mit Worten zu betonen, zog ich es vor, daß man mich »Torero« nannte, wie die anderen auch. Inzwischen ist es mir gleichgültig, von mir aus kann man mich nennen, wie man will. Ich kämpfe nicht mehr dagegen an, denn ich weiß, daß das Wort endlich den würdigen Rang bekommen hat, den es verdient. Man nennt mich »Torera«, und ich höre Würde und Achtung.

Die Frauen, die sich als Schülerinnen in die Stierkampfschulen eingetragen haben, sagen, ich sei ein Vorbild für sie. Ich glaube, daß jede, die in die Welt des Stierkampfs kommt, sich noch einmal alles genauso hart erkämpfen muß, als wäre sie die erste. Ich kann ihnen vielleicht als Beispiel, als Spiegel dienen, in dem sie sich selbst sehen können, doch sie sind es, die täglich in die Arena hinaus müssen, um zu kämpfen und um zu beweisen, daß sie es können. In der Welt des Stierkampfs bekommt man nichts geschenkt, auch nicht durch die Verdienste eines anderen.

Die Schmeichler

Den Torero umgibt eine ganz bestimmte Art von Menschen. Ganz verschiedene Menschen, die ich schon in meiner Kindheit zu unterscheiden lernen mußte. Damals war ich noch das Mädchen, das alle mochten, das bei allen beliebt war, weil es so begeistert war vom Stierkampf. Doch als ich nicht mehr nur begeistert war, sondern ernsthaft begann, meinen Traum zu verwirklichen, stellte ich in meiner Ahnungslosigkeit fest, daß die Beliebtheit leicht in Unbeliebtheit umschlagen konnte, und daß die Abneigung, die am meisten schmerzt, die derjenigen ist, die einem trotzdem Zuneigung heucheln. Von einem auf den anderen Moment wurde ich plötzlich ziemlich unbeliebt. Geringschätzung und Neid. Schmeichler.

Der erste Schmeichler, den ich erdulden mußte, war ein Freund meiner Eltern. Er wollte selbst Matador werden und hatte es nicht geschafft, und darum war er nicht in der Lage zu ertragen, daß ich, eine Frau, auf dem Weg war, das zu erreichen, was er als Mann nicht hatte erreichen können. Er wandte die geschliffenen Klingen seiner eigenen Enttäuschung gegen mich und meinen Vater. Er nannte mich eine hoffnungslose, übertrieben ehrgeizige Phantastin, die niemals etwas erreichen würde, doch war er nie so fair, es mir selbst zu sagen, wie auch meinem Vater nicht, den er den Freunden gegenüber als wichtigtuerisch und anmaßend bezeichnete. Er ging auf Abstand, entfernte sich von uns, damit ihn niemand mit uns in Verbindung brachte. Aber jetzt, wo ich bewiesen habe, daß meine Leidenschaft keine fixe Idee war, nähert er sich wieder. Er schmeichelt mir mit abgenutzten Floskeln, rühmt sich sogar vor den Bekannten unserer alten Freundschaft. Er verpackt seine Lügen in Seidenpapier und bietet sie mir als Geschenk an. Ich danke ihm jedoch für die Lektion, denn durch ihn habe ich gelernt, daß die von sich selbst Enttäuschten, die Frustrierten, den Erfolg der anderen als Kränkung empfinden. Sie schaffen es nicht, die Glassplitter im Magen zu verdauen, und benutzen sie als Wurfgeschosse. Doch zum Glück weiß ich, wie ich mich gegen diese Angriffe verteidigen muß, das habe ich auf diese Weise früh genug erfahren.

Die großen Worte langer Reden können mich nicht in die Irre führen, und ich durchschaue die leeren Hülsen. Ich habe gelernt, daß sich um eine Figur des öffentlichen Lebens alle Arten von Personen scharen, Schmeichler, die sich um sie drängen, weil sie meinen, auch etwas vom Rampenlicht abzubekommen, wenn sie nur nahe genug danebenstehen. Ich weiß, daß es genügend Leute gibt, die sich mir nur nähern, um mit mir gesehen zu werden. Sie laden mich nach Hause ein, zu ihren Festen, sie schmücken sich mit mir wie mit einer Jagdtrophäe. Manchmal merke ich es gar nicht, und manchmal ist es auch zu spät, bis ich es dann doch bemerke. Immer gibt es jedoch ungemein geschickte Heuchler, die es verstehen, mein Vertrauen zu gewinnen. Sie spiegeln mir ihre Zuneigung vor, und ich erwidere sie ihnen. Es tut mir weh, wenn ich nachher erkennen muß, daß das einzige, was sie wollten, mein Ruhm war, um den ihren auf meine Kosten zu vergrößern.

Um eine bekannte Persönlichkeit sammeln sich auch solche Menschen, die nicht nur voller Neid sind, sondern die auch die Möglichkeit haben, einen wirklich tief zu verletzen. Schmeichler, die um einen herum sind, wenn man erfolgreich ist, in Zeiten des Mißerfolgs jedoch verschwinden. Eine Abwesenheit, die Bände spricht. Sie kommen sofort zurück, wenn die Durststrecke vorüber ist, und machen mit ihrer Rückkehr ihr vorheriges Ausbleiben erst richtig spürbar. Sie verschaffen mir immer ein gewisses Gefühl der Leere: »Wie leicht zu durchschauen die Menschen doch sind, es ist unglaublich. Jetzt will keiner etwas mit dir zu tun haben, und wenn die Zeiten besser werden, dann sind sie alle wieder da.«

Doch ist nicht alles im Spiel der Lobhudelei verletzend. Es gibt auch Schmeichler, über die ich nur lachen kann. Leute, die mit hübschen Worten zu mir kommen, Süßholz raspeln, weil sie sich einen finanziellen Vorteil erhoffen, mit ihrer übertriebenen Bewunderung einen Vertrag für die Zukunft herausschlagen wollen. Menschen, die mich früher schief angesehen und die Zusammenarbeit mit einer Frau abgelehnt haben, und die jetzt kommen und mir schöntun, ohne zu ahnen, daß ich sie durchschaue, daß ich genau weiß, sie wollen nur einen guten Job durch mich bekommen.

Und es gibt Schmeichler, denen ich nicht böse sein kann. Die, die mich mit ihren Schmeicheleien fröhlich stimmen und einen kleinen Platz an meiner Seite erstreiten wollen, sie verlangen nicht mehr als ein bißchen Freundschaft, ein wenig Anerkennung und Gesellschaft. Sympathie gegen Sympathie, ein fairer Tausch. Niemand sollte das Gefühl haben, mich um meine Sympathie bitten zu müssen, denn ich glaube, ich bin niemand, der damit allzu geizig umgeht. Man bringt mich damit in eine Machtposition, die mir nicht sehr angenehm ist.

Den üblen Gestalten, die erst mein Vertrauen gewinnen und mich dann ausnützen wollen, gehe ich aus dem Weg. Vergessen will ich sie nicht, denn vergessen heißt verzeihen, und verzeihen kann ich ihnen nicht, denn sie bitten mich nicht darum. Doch spreche ich niemals ihren Namen aus und versuche, sie so gut es geht zu ignorieren.

Müdigkeit

Mein erster Manager belog mich oft. Immer hatte er einen Fotografen dabei, der für eine französische Zeitschrift arbeitete und viele Fotos von mir machte, die ich nie zu sehen bekam. Sie baten meinen Vater, ich solle einen Vertrag unterschreiben, in dem ich ihnen die Rechte an meinen Bildern abtrat. Mein Vater weigerte sich, doch sie verbanden immer die Stierkampfverpflichtungen mit diesen Rechten.

Man mißtraut nie umsonst. Wir begannen zu vermuten, daß sie mit meinen Fotos gute Geschäfte machten, denn man bittet mich von überall auf der Welt um Bilder. Die Geschichte war schwer zu durchschauen, diese Leute ebenso, und die Dinge begannen, schief zu laufen.

Es heißt, man fängt schneller einen Lügner als einen Einbeinigen. Wir bekamen die Bestätigung für die Betrügereien, als wir eines Tages in einer kleinen Stadt kämpften und am nächsten Tag in einer Arena ganz in der Nähe. Unsere Freunde wunderten sich: »Da ist morgen doch gar kein Stierkampf.«

»Aber wieso denn, wenn wir doch morgen dort kämpfen!«

»Ihr könnt ja mal im Rathaus anrufen, aber ich glaube, da gibt's morgen nichts.«

Dabei blieb es, und wir gingen schlafen. Am anderen Morgen um sieben waren wir mit dem Manager am Hotelempfang verabredet, um gemeinsam in die andere Stadt zu fahren. Man gab uns einen Zettel: »Die Corrida ist um drei Uhr morgens abgesagt worden.« Das war völlig absurd, denn morgens um drei wird keine Corrida abgesagt. Mein Manager war nach Frankreich abgereist. Er wußte ganz genau, daß es keinen Stierkampf geben würde, die Lüge war seine Strategie, um uns glauben zu machen, daß er mehr

Verträge bekäme, als er tatsächlich unterschrieb. Ein faules Spielchen, das mich sehr viel aufmerksamer und mißtrauischer machte, als ich es bisher gewesen war, und das mich dazu brachte, plötzlich alles in Frage zu stellen.

Niemals hatte ich daran gedacht, den Stierkampf aufzugeben, doch damals überfielen mich plötzlich Zweifel. Die Probleme erdrückten mich. Viele Jungstierkämpfer wollten nicht mit mir zusammen kämpfen, ich war noch nicht bekannt genug, und man strich mich aus den Programmen. Es gibt Zeiten, in denen hat man gute Freunde besonders nötig. Und es gibt Menschen, die zur richtigen Zeit am richtigen Ort waren, auf die ich mich verlassen konnte. Paco Medina, der keine Mühen scheute, mir zu helfen. José Bravo, der mich unterstützte, wo er konnte. Pablo Martín Berrocal, der mir in Quito zur Seite stand. Die Großherzigkeit solcher Menschen läßt einen wieder Hoffnung schöpfen.

Mein Traum war es, in Nîmes zu kämpfen. Im Februar sollte es dort eine Reihe von Jungstierkämpfen mit Picadores geben. Es würden alle bekannten Jungstierkämpfer anwesend sein, und mein Manager hatte mir versichert, daß ich teilnehmen könnte. Es wurde Februar, die Programme erschienen in den Stierkampfzeitschriften, doch mein Name war nicht dabei.

»Diesmal hat es nicht geklappt, im Februar ist das Publikum ohnehin noch sehr kühl. Die Feria im Mai ist viel besser, dann kommen alle wichtigen Leute, da herrscht eine ganz andere Atmosphäre.« Doch als der Mai kam, stand ich wieder nicht in den Programmen.

Plötzlich, mitten in der Stierkampfsaison, verschwand mein Manager. Die Veranstalter riefen mich zu Hause an, denn sie wollten Verträge unterschreiben, und mein Vater wußte nicht, ob er es einfach tun sollte, schließlich war er ja nicht der Manager. Dieser blieb zwanzig Tage lang verschwunden, in denen wir nichts von ihm hörten, und das mitten in der Saison. Dann tauchte er mit einer fadenscheinigen Entschuldigung plötzlich wieder auf, nur um gleich darauf wieder spurlos zu verschwinden. Aufs neue begannen wir, nach ihm zu suchen, zudem schuldete er uns noch Geld von der Fernsehübertragung einer Corrida. Wir beschlossen, vom Notar ein Schreiben aufsetzen zu lassen und darin festzuhalten, daß ich ihn suchte, und wenn er der Aufforderung des Notars nicht in ein paar Tagen Folge leistete, wäre der Vertrag aufgehoben. Er schadete meiner Karriere, ich konnte nicht kämpfen. Ich verpaßte eine Menge Corridas. So endete unsere Arbeitsbeziehung. Seine Schulden hat er nie beglichen.

Von nun an kümmerte sich mein Vater um alles. Es war eine harte Zeit für ihn, er mußte die Verträge aushandeln, die Stiere begutachten, Verhandlungen mit den Veranstaltern führen, und darüber hinaus hatte er noch seine eigene Arbeit bei der Feuerwehr. Er arbeitete ohne Pause, und mir machte es nur noch mehr zu schaffen, festzustellen, wie er seine eigene Erschöpfung bezwang, um meine Stimmung zu heben.

Manchmal fuhren wir bis nach Portugal. Mein Vater holte sich die Erlaubnis, ein bißchen früher mit der Arbeit aufzuhören. Er bekam um eins frei, und um Viertel nach eins waren wir schon auf der Landstraße. Um sechs oder sieben Uhr abends nahmen wir an einem Stierkampf teil und fuhren dann sofort wieder nach Madrid zurück, weil mein Vater am nächsten Morgen um acht arbeiten mußte. Er ging direkt zur Arbeit, ohne zu schlafen. Wir unternahmen viele solcher Reisen, lösten uns am Steuer ab, während der andere schlief, und die Erschöpfung war manchmal so groß, daß wir selbst nicht mehr wußten, ob wir Richtung Madrid oder Richtung Portugal fuhren.

Einmal, in einer tiefschwarzen Nacht, übermannte uns beide der Schlaf. Ich saß am Steuer, mein Vater schlief an meiner Seite. Die Streifen auf der Straße verschwammen mir vor den Augen, die Müdigkeit drückte mir die Lider herunter. Ich gab mir alle Mühe, sie offen zu halten und auf die Straße zu achten, aber die Streifen liefen durcheinander und trennten sich wieder. Ich merkte, daß ich halluzinierte, als die Fußgänger, die ich in der Dunkelheit zu sehen meinte, sich im Licht der Scheinwerfer plötzlich auflösten. Männer, Kinder und Frauen gingen vor mir über die Straße und verschwanden. Als ich merkte, daß ich für eine ganz kurze Zeit eingeschlafen war, hielt ich an einer Tankstelle und versuchte, mich etwas zu erfrischen. Ich wollte meinen Vater dabei nicht wecken, doch er wachte auf. Er bestand darauf mich abzulösen, wusch sich das Gesicht, goß sich kaltes Wasser in den Nacken und schüttelte den Kopf, als könne er so den Schlaf vertreiben. Es schmerzte mich, ihn so müde zu sehen, schließlich konnte ich nach unserer Rückkehr schlafen, aber er mußte direkt wieder zur Arbeit.

»Keine Sorge, ich unterhalte mich mit dir, dann bleiben wir beide wach.«

Aber ich brachte keinen vernünftigen Satz zustande, es war mein Vater, der mich unterhielt. Ich versuchte zuzuhören, doch drangen die Worte von weit her zu mir, entfernten sich immer weiter. Ohne es zu merken, fielen mir die Augen zu, und nach wenigen Minuten schlief ich tief und fest.

Ich hatte noch große Probleme mit dem Degen. Niemand hätte auf mich gesetzt. Zwar kämpfte ich ganz gut, aber wenn es an die Endphase ging, bekam ich Probleme mit dem Degen. Es gelang mir einfach nicht, den Stier sauber zu töten. Das bedrohte jetzt ernsthaft den Fortgang meiner Karriere.

Mein Vater unterstützte mich. Wenn er sah, daß ich niedergeschlagen war, versuchte er mich aufzumuntern: »Du wirst das mit dem Degen schon schaffen, du mußt einfach unermüdlich trainieren und darfst niemals dein Selbstvertrauen verlieren.«

Wenn man den Mut verliert, gibt es nicht viele, die einen aufmuntern. Das waren schwierige Momente, und nur mein Vater zeigte mir, daß er felsenfest an mich glaubte. Er schaffte es, nicht locker zu lassen, so daß wir diese Saison beendeten und die nächste beginnen konnten.

Ich kämpfte viel in der Provinz, hatte jedoch immer noch keinen neuen Manager. In der Welt des Stierkampfs kümmern sich die mit den guten Kontakten um die schon berühmten Toreros. Das ist ein Teufelskreis, den man nicht so leicht durchbrechen kann. Wenn man nicht berühmt ist, bekommt man keinen guten Manager, und wenn man keinen guten Manager hat, wird man nicht berühmt.

Zu Beginn der Saison, im Februar, übertrug das Fernsehen eine Reihe von Jungstierkämpfen aus Zaragoza, eine Gelegenheit für die Toreros, die noch in keinem Programm waren. Mein Vater bemühte sich mit allen ihm zur Verfügung stehenden Mitteln, meine Teilnahme zu erreichen. Das Glück wollte es, daß man mich zu der Zeit in die Fernsehsendung von Angel Casas in Barcelona einlud, eine Talkshow. Enrique Patón, einer der Organisatoren der Stierkämpfe in Zaragoza und Geschäftspartner von Simón Casas, nahm als Vertreter der Veranstalter und Manager teil; Silvia Camacho und Vitorino Martín kamen als Stierzüchter; Maribel Atienza war als Torera da, und ich als Jungstierkämpferin. Mein Vater nutzte die Gelegenheit, um mit Enrique Patón zu sprechen und bat ihn, mich ins Programm von Zaragoza aufzunehmen.

Bei der Sendung lernte ich zum ersten Mal Silvia Camacho persönlich kennen. Sie gab mir ihre Telefonnummer und lud mich ein, zum Probestierkampf auf ihr Gut zu kommen. Ich rief sie mit besonderer Zurückhaltung an, denn sie ist eine große Persönlichkeit unter den Stierzüchtern. Von da an begann eine tiefe Freundschaft zwischen uns.

Der Wunsch, in Zaragoza zu kämpfen, begleitete mich Tag und Nacht. Ein paar Tage nach der Sendung mit Angel Casas, als wir gerade beim Mittagessen saßen, klingelte das Telefon. Es war Enrique Patón. »Cristina, du kämpfst Ende Februar in Zaragoza«, sagte mein Vater, als er aufgelegt hatte. Ich hatte drei Monate lang nicht mehr gekämpft. Drei Monate, ohne dem Stier in die Augen zu sehen. Eine lange Zeit. Es heißt, das Adrenalin, das beim Stierkampf ausgeschüttet wird, mache süchtig. Ich hatte meine Entzugserscheinungen nicht einmal bei Probestierkämpfen mildern können, denn es wollte nicht aufhören, zu regnen, und sie waren alle abgesagt worden.

Ich kämpfte in Zaragoza. Die Stiere waren schwierig, aber alles ging gut. Mein Sieg gab mir Kraft, weiter zu träumen. Das Problem war, jetzt nicht stehen zu bleiben, ich mußte die nächste Stufe erklimmen, die kleinen Siege und Eroberungen mußten mich dahin bringen, in einer großen Arena zu kämpfen.

104

Die Idee kam von meinem Vater. »Cristina, ich glaube, die einzige Lösung ist es, nach Madrid zu gehen. Wenn du Glück hast, öffnet dir das viele Türen, wenn du Pech hast, geht es genauso weiter wie bisher. Wir haben nichts zu verlieren und alles zu gewinnen.«

Auf Schultern durch die Puerta Grande

Es heißt, die Schlüssel der Bank von Spanien hängen unter dem Torbogen der Arena von »Las Ventas«, und wer dort auf Schultern hinausgetragen wird, nimmt diese Schlüssel mit. Die Übertreibung schmückt den Mythos, und das Geld, das der Matador angeblich verdient, wirft einen hellen Schein. Es ist interessant zu sehen, daß das bei anderen Künstlern nicht so ist.

Madrid ist die wichtigste Arena der Welt, es ist die Kathedrale des Stierkampfs. Und das Publikum ist eines der anspruchsvollsten, es schenkt einem den Sieg nicht. Ein erfolgreicher Kampf in »Las Ventas« ist ein Sieg, den man sich tatsächlich verdient hat. Dem Matador, der in Madrid gesiegt hat, eröffnet sich ein glorreicher Weg, der vielleicht nicht durch die Bank von Spanien führt, aber dafür nimmt er die Schlüssel zu allen Arenen der Welt mit. Sein Sieg gibt ihm das Recht, dort zu kämpfen, wo es ihm gefällt. Ich wollte diese Schlüssel.

Gregorio Sánchez half uns bei unserer Odyssee. Er hatte gute Beziehungen zu den Brüdern Lozano, den Veranstaltern von »Las Ventas«, und er ging mit meinem Vater zu ihnen, um mit ihnen zu sprechen. In Madrid kämpfen, zu Beginn der Saison. Sie sagten nicht nein, und sie sagten nicht ja. »Wir wollen sehen, ob wir sie eines Tages bringen können.«

Ich wußte von allen Zusammenkünften, und ich wartete jedesmal ungeduldig auf ihre Rückkehr, wenn sie mit den Veranstaltern sprachen. Manchmal verheimlichten sie mir die Termine, um mir die Enttäuschung zu ersparen, denn ich hatte schon genügend Unterhaltungen meines Vaters mit Veranstaltern mitbekommen, die mich nicht ins Programm nehmen wollten. Das tägliche Warten ist hart. Und es ist hart, seinen Manager im Hause zu haben und alle Verhandlungen mitzubekommen. Es tut weh, wenn es komplizierte, schwierige Momente gibt, und die gab es bei mir. »Sie wollen dich nicht ins Programm nehmen.« Das Warten wurde immer unerträglicher.

Wenn das Programm einer Corrida zusammengestellt ist, dann wird das am gleichen Tag veröffentlicht, es erscheint in der Stierkampfzeitschrift »Aplauso«. Die Hoffnung, meinen Namen im Programm zu finden, ließ uns jedes Wochenende erwartungsvoll zum Zeitungskiosk laufen. Mein Name wollte nicht auftauchen. Vielleicht in der nächsten Ausgabe. Es begann, ein Alptraum ohne Ende zu werden. Jedes Programm, in dem mein Name nicht erschien, ließ mich ein Stückchen weiter verzagen. Pepe und mein Vater machten mir Mut. Es ging das Gerücht um, aber nur das Gerücht, daß ich bald auftreten würde. Meine schlechte Angewohnheit, immer zu fragen, hatte zur Folge, daß ich alles mitbekam. Der Torero fragt besser nicht nach, um sich Unangenehmes zu ersparen. Ich frage jedoch immer zuviel und wußte daher von den Gerüchten. Aber mein Name wollte nicht erscheinen. Ich kämpfte wenig in dieser Saison, von Februar bis Juli nur bei fünf oder sechs Jungstierkämpfen. Meine Unruhe wuchs. Würde ich nun in Madrid kämpfen oder nicht?

»Cristina, sie wollen dich in einem Abendstierkampf bringen. Am 8. Juli um acht Uhr abends.«

Die Stimme meines Vaters brachte mir die Nachricht zusammen mit der Enttäuschung. Ein Abendstierkampf, nach so langem Warten. Die Brüder Lozano meinten, es sei besser, mich in einem besonderen Programm zu bringen. Mein Vater sagte, es sei gut so, die Atmosphäre sei anders, das Abendpublikum käme nicht, um zu richten, sondern um den Stierkampf zu sehen.

Ich bekam Alpträume. Riesige Stiere mit gebogenen Hörnern. Ich wußte, daß ich schlief, und wollte aufwachen. Ich wachte auf, schlief wieder ein und träumte weiter. Große, ganz große Stiere, fast so groß wie Elefanten. Ich fuhr erschrocken hoch und dachte daran, daß ich in »Las Ventas« kämpfen mußte. In Madrid sind die Stiere meist sehr kräftig, darum versuchte ich, mir große

Stiere vorzustellen, um nicht zu erschrecken, wenn ich ihnen dann entgegentreten mußte. Aber sobald ich schlief, geriet mir alles aus dem Maß. Wenn ich mir einen großen Stier vorstellte, dann wurde er im Traum zum Elefanten, wenn ich ihn mir mit kurzen, feinen Hörnern vorstellte, dann hatte er in meinem Traum lange, gebogene. In meinen Träumen brachte ich nur Ungeheuer hervor.

Wir konnten zwischen vier oder fünf Zuchten wählen, was ein Vorteil war, da in Madrid die Stiere normalerweise schon ausgewählt sind, wenn man sie zur Auslosung bekommt. Wir wählten die Zucht von Capea.

Die Flinten waren wieder geladen, und wenn es schiefging, würde man sie auf mich abschießen. Immer die gleichen Kommentare, immer wieder die gleichen Unkenrufe, die mir in den Ohren klangen. Nie war es für meine Neider der richtige Zeitpunkt, den Schritt zu tun, den ich tun wollte.

Seitdem ich wußte, daß ich in Madrid kämpfen würde, war meine Aufregung gewaltig. Es waren noch vierzehn Tage. Vierzehn. Die erste Woche verbrachte ich in Parla. Ratschläge wurden gegeben, sicher gut gemeint, aber sie störten mich dennoch. Ich mußte allein sein, aufs Land fahren. Ich fuhr nach Nava de la Asunción, dem Geburtsort meiner Mutter. Ein ruhiges, kleines Dorf – in unserem Haus dort gab es noch nicht einmal Telefon – mit der Stierkampfarena gleich nebenan, einem Kiefernwald zum Laufen, einem Squashplatz. Trainieren. Mich beruhigen, weit weg von allem. Alles ging mir auf die Nerven, in jenen Augenblicken wollte ich nach dem Aufstehen nicht einmal mehr das Bett machen.

Mein Vater und ich besorgten mir eine neue Stierkampftracht. Ich hatte sie bereits Anfang des Jahres in Auftrag gegeben, als ich erfuhr, daß ich vielleicht nach Madrid könne. Sie war violett, heller als das Bischofsviolett, aber noch nicht lila. Violett und gold. Ich nahm sie mit aufs Land, um sie einzutragen. Die neuen Kostüme sind sehr steif, das ist ein bißchen so wie mit Jeans, man muß sie eintrag, vor allem die Jacke. Man muß ein wenig in ihnen schwitzen, damit sie richtig am Körper liegen. Die letzten beiden Tage vor dem Kampf zog ich mir die Stierkampfhose und die Jacke an, damit sie sich meiner Figur anpaßten.

Ich schlief auch hier nicht gut, auch hier verfolgten mich meine Alpträume. Der Druck der Verantwortung. »Na gut, das wird ein wichtiger Tag, aber ich muß ihn auch genießen. So kann das nicht weitergehen.«

Mein Vater versuchte mich zu beruhigen: »Mach dir keine Sorgen, der schwierigste Teil ist die Zeit vor dem Kampf. Wenn der Stier herauskommt, dann ist es genauso wie in jeder anderen Arena auch, oder sogar besser, denn der Boden ist dort sehr gut. In Madrid fühlst du dich noch mehr als Torero.«

Am Freitag kehrte ich nach Madrid zurück und schlief zu Hause. Und am Samstagmorgen ging ich ins Hotel Victoria, denn ich wollte nicht, daß mich irgend jemand zu Hause mit seinen guten Absichten heimsuchte.

Ein schwedischer Fernsehsender war gerade dabei, einen Dokumentarfilm über mich zu drehen. Sie hatten Aufnahmen und Interviews gemacht, waren bei den Probestierkämpfen dabeigewesen. Der Schluß sollte die Erfüllung eines Mädchentraums sein: in Madrid zu siegen und auf Schultern aus der Puerta Grande von »Las Ventas« getragen zu werden. Sie filmten in meinem Zimmer, während ich mich umzog, und wünschten mir Glück. Es gibt Worte, die haben für mich den Geschmack von Stierkampf. Ich lasse sie mir gerne auf der Zunge zergehen: »Suerte!«, der Glückwunsch, der vor der Corrida von überall her ertönt. »Enhorabuena!«, wenn die Corrida vorbei ist, auch wenn es keinen Sieg gegeben hat, als Ausdruck von Respekt.

Die Corrida sollte also am Abend stattfinden. Ich war in meinem Hotelzimmer, als meine *cuadrilla* anrief und mich bat hinunterzukommen, um mit ihnen einen Kaffee zu trinken und zu plaudern. Manolo, mein Degenknecht, blieb in meinem Zimmer. Pepe kann gut seine Stimme verstellen, er wollte Manolo anrufen und so tun, als sei er beim Radio und mache ein Interview. Er hatte das schon mit dem Picador eines anderen Toreros gemacht: »Sie werden an dem Stierkampf teilnehmen, bei dem Cristina Sánchez kämpft. Was halten Sie von dieser Frau?« Der Picador sagte etwas Positives über mich. »Ja, ja, wir haben aber gehört, daß die Lanzen, mit denen ihre Stiere gestochen werden, größer sind, damit die Stiere ruhiger werden.«

»Das ist aber gelogen, dieses Mädchen kämpft genauso wie alle anderen auch«, antwortete der Picador, ein energischer Andalusier.

Pepe rief schließlich an, als ich schon wieder oben im Zimmer war, damit Manolo keinen Verdacht schöpfte. Manolo regte sich furchtbar auf, denn Pepe provozierte ihn ordentlich, damit er mich verteidigen mußte.

Nervös verbrachten wir den Nachmittag, der uns sehr langsam verging. Es regnete und hörte wieder auf. Es wehte kein Wind. In der Arena von Madrid geht immer ein Lüftchen, auch wenn es draußen windstill ist. Ich tat den ganzen Nachmittag über nichts anderes, als ans Fenster zu treten und zu sehen, ob es windig wurde. Für den Torero ist der Wind der schlimmste Feind. Der Wind läßt ihn den Stier nur schwer in den Griff bekommen, und dabei ist das das Wichtigste beim Stierkampf. Der Torero ist unsicher, denn er kann nicht verhindern, daß sich die *muleta* bewegt, er ist sich nicht sicher, daß der Wind sie nicht hebt und der Stier direkt auf den Körper losgeht anstatt auf das Tuch. Der Torero ist nicht konzentriert, er zweifelt, und man sieht, daß er zweifelt. Das Schlimmste, was mir an diesem Abend passieren konnte, war, daß man mich zweifeln sah, daß man mir Unsicherheit anmerkte. Wieder ging ich zum Fenster.

Ich bin oft genug in der Stierkampfarena von Madrid gewesen, ich weiß ganz genau, wo alles ist, das Tor, die Kapelle und so weiter. Zu meiner Rechten sind, vom Tor aus gesehen, die Pferde, links liegt die Kapelle und geradeaus der Hof der *cuadrilla*. Als ich diesmal jedoch hineinkam, war ich so nervös, daß ich nicht wußte, wohin

ich gehen mußte. Ich erschrak und griff nach der Hand meines
Vaters.

»Laßt mich bitte nicht allein.«

»Na, komm schon«, sagte er nur und zog mich mit sich.

Bevor ich in den Hof der *cuadrilla* kam, ging ich unter den
Rängen hindurch. Ganz vorn sah ich Andrés, Mari Carmen,
Jimy, seine Frau, und alle wünschten mir Glück: »Suerte!« Doch
nicht alle riefen mir aufmunternde Worte zu, einer schrie aus der
siebten Reihe: »Frauen gehören in den Nachtclub!«

Ich trat in die Kapelle. Normalerweise gehe ich in der Arena dort
nicht hin. Auch wenn ich in die Kirche zur Messe gehe, macht es
mich eher traurig, Christus dort so hängen zu sehen. Doch in
diesen Augenblicken solch großer Anspannung brauchte ich etwas
Starkes, etwas, an dem ich mich festhalten konnte. Ich betete ein
Vaterunser und bekreuzigte mich. Dann ging ich wieder hinaus.

Ich habe keinen Altar bei mir, normalerweise bete ich ein Vaterunser, bevor ich das Hotelzimmer verlasse, und bekreuzige
mich, bevor ich in die Arena gehe. Die Altäre, die einige Toreros
bei sich haben, verursachen mir auf irgendeine Weise Angst und
Unruhe, diese allzu schmerzensreichen, allzu grausamen Heiligen-
bilder.

Als ich herauskam, fragte ich meinen Vater: »Wo geht's denn
lang?« Ich war ganz verwirrt und bat ihn noch einmal: »Bitte, laß
mich nicht einen Augenblick lang allein!« Niemals hatte ich ein
solches Gefühl gehabt, ich fühlte mich auf einmal wie ein kleines
Mädchen. Und ganz verloren. Eigentlich kannte ich diese Arena
wirklich gut, doch in meiner Stierkampftracht erschien sie mir
anders, war es eine andere Arena, ein anderer Hof der *cuadrilla*,
war ich selbst auch eine andere.

Mein Vater band mir dort im Hof den *capote de paseo* um, den
traditionellen Umhang für den Einzug, und Pepe half ihm dabei.
Beide sprachen sie mir Mut zu. Seit dem Tag, als ich zum ersten
Mal in Stierkämpfertracht gekämpft habe, in Torrejón de Ardóz,
habe ich mich daran gewöhnt, daß mir mein Vater den *capote*

111

umbindet. Auch jetzt, wo er nicht mehr gemeinsam mit mir kämpft, nimmt er doch an meinen Vorbereitungen teil, jetzt, wo er mein Degenknecht ist. Ich weiß, daß er immer noch gern selbst kämpfen würde, und wenn er mir so den *capote* umlegt, nimmt er ein wenig an den Gefühlen teil, die man hat, wenn man sich das Kostüm anlegt, und an der Aufregung, die man im Hof der *cuadrilla* spürt. Er bindet mir den *capote* um, gibt mir einen Kuß und geht weg. Immer ist es mein Vater, der sie mir bindet. Ich wüßte gar nicht, wie man das macht. Ich habe es zu Hause versucht, schaffte es aber nicht und war schon ganz verzweifelt. Mein Vater war es, der mir dann half, und beim nächsten Mal wieder, und so geht das bis heute, wo ich Matadora bin. Es ist eine richtige Zeremonie.

Der Einzug. Pepe und mein Vater, die schon in »Las Ventas« gekämpft hatten, schritten mit der Mütze auf dem Kopf durch die Arena dahin. Ich hielt meine Mütze in der Hand. Ich hatte Mühe, die Tränen zurückzuhalten, als ich den Präsidenten grüßte. Ich zählte jeden Schritt und genoß ihn. Die Sonntage meiner Zeit auf der Stierkampfschule tauchten in meiner Erinnerung auf, wenn wir Schüler uns in der ersten Reihe versammelten und jeder von uns hoffte, eines Tages selbst hier in Madrid den Einzug zu machen. Eigentlich ist er nur kurz, doch war er lang genug, daß mich meine Erinnerungen einholten. »Jetzt sitzen die Schüler der Stierkampfschule da und sehen mir zu. Sicher denken sie daran, daß sie eines Tages auch diesen Einzug machen werden, genau wie ich damals.« Ich glaubte, auf einer Wolke zu schweben. Endlich war mein Tag gekommen, und ich würde ihn nicht einfach so vorüberziehen lassen. Ich hatte die Gelegenheit gehabt, auf den Zug zu springen, und ich war gesprungen. Ich wußte, wenn ich heute nicht siegte, dann wäre es schwierig, weiterhin Stierkämpferin zu sein.

Ich weiß noch genau, was mir alles durch den Kopf ging. Ich war ganz gerührt, als ich mich an die alten Zeiten erinnerte, schaute, während ich vorwärtsschritt, aus den Augenwinkeln in die erste Reihe hinüber. »So oft habe ich selbst dort gesessen und auf diesen

112

Als Kind mit ihrer größeren Schwester Esther und Irache, der Jüngsten.

Cristina als Jungstierkämpferin 1989 bei einer Dorf-Corrida.

Mit der Mutter von
Juan Carlos I, Doña
María de las Mercedes,
im Juli 1997.

Cristina zieht mit ihrer *cuadrilla* in die Arena ein.

Als Matadora in der traditionellen Stierkämpfertracht.

Vor dem Kampf.

Die Matadora grüßt das Publikum.

Die *faena*, die Phase des Stierkampfs, in der der Torero mit der *muleta* arbeitet.

Der Stier greift an.

Gewagtes Spiel: Cristina wirft die *muleta* beiseite und
provoziert den Stier.

Bestätigung ihrer *alternativa* in Mexiko am 12. Januar 1997:
Arbeit mit der *muleta*.

Die Matadora reizt den Stier mit der *muleta*.

Vorbereitung auf die *suerte suprema*, das Töten des Stiers.

Ehrenrunde mit Blumen und Geschenken.

Tag gewartet. Und jetzt ist er da.« Ich hatte das Gefühl, als sei das alles ein Film, als säße ich immer noch in jener ersten Reihe und stünde gleichzeitig in der Arena. Ich sah mich selbst auf den Präsidenten zuschreiten und mußte mir nicht mehr das wunderbare Gefühl dabei vorstellen, sondern konnte es selbst spüren.

Und ich genoß es. Ich bemühte mich, alles bewußt zu erleben, damit ich mir all meine Gefühle in der Erinnerung bewahren könnte. Jeden Schritt genießen. Ich habe viele Male diesen Einzug hier in Madrid gesehen: Jeder Torero tritt mit seiner *cuadrilla* geordnet hinaus in die Arena, um den Präsidenten zu grüßen und dann wie in der kreisförmigen Choreografie eines Tanzes auseinanderzuschwärmen. Die Toreros nehmen sich den *capote de paseo* ab und gehen nach links, zum Plankenschutz der Matadore. Ich hatte das oft genug gesehen, hatte mir immer die Matadore angeschaut, wie sie den *capote* nehmen, wie sie ihn halten. Jetzt war ich ein Teil von diesem Tanz, nicht nur Zuschauerin.

Ich genoß ihn bis zum letzten Schritt. Ich vollzog die Zeremonie, mit der man den Präsidenten um die Erlaubnis zu kämpfen bittet. Dann nahm ich meinen *capote de paseo* ab, gab ihn Manolo, und ergriff meine *capa*. Ich wollte diesen Augenblick als etwas Unvergeßliches erleben, wie eine leidenschaftliche Erfahrung, die ich mir in Erinnerung behalten konnte.

Ich kam an zweiter Stelle. Die anderen Toreros dieser Corrida waren Carlos Pacheco und Pepe Luis Gallego. Mein erster Stier kam ein wenig unruhig heraus, er lief in der Arena umher und wollte nicht still stehen. Mit der *capa* arbeitete ich gut mit ihm. Als er vom Pferd aus mit der Lanze gestochen wurde, holte ich ihn mit geschlossenen Füßen vom Pferd weg, und das Publikum brach in ein donnerndes »Olé!« aus, wie es so eindrucksvoll nur in Madrid erklingt. Von diesem Augenblick an wußte ich, daß ich das Publikum hinter mir hatte. In Madrid mag man es besonders, wenn der Stier von weitem kommt und auf die *muleta* zugaloppiert, und wenn dann der Torero das Tuch ausbreitet, langsam vor sich herzieht und mit tiefgehaltener Hand das Schicksal herausfordert.

Dieser Stier war genau richtig dafür, und ich konnte einen Kampf nach Madrider Geschmack liefern. Man gestand mir ein Ohr zu. Ein Ohr in Madrid! Ich sah, wie das Publikum mit den Taschentüchern ein Ohr für mich forderte, und dachte: »Das kann doch gar nicht wahr sein! Und das in Madrid!« Ich fühlte mich wie ein kleines Mädchen. Ich begann, meine Ehrenrunde in der Arena zu laufen, eine Runde in der Arena von Madrid, ein unfaßbarer Traum. Eigentlich sind es sonst immer die anderen, die den großen Preis gewinnen, aber heute war ich es, die ihn gewonnen hatte.

Auch wenn der nächste Stier schwierig würde, wollte ich richtig an ihn herangehen, es war mir egal, ob er mich erwischte. Man hatte mir ein Ohr zugestanden. Küsse, Umarmungen, Freude an der Bande. Mein Vater, Manolo, Pepe. »Ein Ohr haben wir schon!« Denn das Ohr, das war klar, gehörte uns allen. Der Sieg des Matadors ist auch der Sieg seiner *cuadrilla*.

Als ich meine Runde lief, verlor ich auch die Angst, die ich vor der Arena von Madrid gehabt hatte. Ich wurde immer lockerer. Als ich am ersten Block vorbeikam, schaute ich nach den Schülern aus der Stierkampfschule. Ich erkannte meine Mitschüler. Alle, die mit Stierkampf zu tun hatten, waren dort. Manche hielten mir den erhobenen Daumen entgegen, alle klatschten Beifall. Ich lief die Runde ganz langsam, um sie richtig zu genießen. »Ich bin schon gerettet, einen Sieg habe ich schon, das Soll ist erfüllt.« Doch ein Stier kam noch. Und der Traum eines jeden Toreros ist es, aus der Puerta Grande getragen zu werden. In Madrid auf Schultern aus der Arena getragen zu werden, ist, wie wenn man versucht, nach den Sternen zu greifen und plötzlich spürt, daß man sie berühren kann.

Mein zweiter Stier war ebenso gut, genauso schnell und rassig wie der erste. Auch gegen ihn kämpfte ich nach allen Regeln der Kunst. Wieder ein Ohr. Jetzt hatte ich es geschafft! Ich glaube, ich begriff erst zwei Tage später richtig, was geschehen war. Deinen Traum erleben, ohne richtig zu begreifen, was passiert. Die Puerta Grande, die Puerta Grande!

Als Carlos Pacheco seinen Stier getötet hatte, kam das Publikum

in die Arena gelaufen. Die Schüler aus der Stierkampfschule umringten mich. Julio, ein Freund meines Assistenten, hob mich auf
die Schultern, und da saß ich, wie eine Statue, eine richtige Heldin,
es wurde geschoben, von allen Seiten zog man an mir, versuchte
man, mir die Hand zu drücken. Fast wäre ich heruntergefallen,
doch Julio hielt mich fest.

Wenn ich früher mit den Freunden zum Stierkampf gegangen
war und jemand auf den Schultern hinausgetragen wurde, dann
liefen wir immer zur Puerta Grande und warteten dort. Ich bekam
jedes Mal eine Gänsehaut. Dieser Moment ist das größte Ereignis
im Leben eines Toreros. Ich sah mir dann die Matadore an, versuchte mir vorzustellen, wie sie sich wohl fühlten, was sie denken
mochten, achtete darauf, ob ich selbst etwas Besonderes spürte,
nur dadurch, daß ich sie ansah und dachte, was sie fühlen mochten.

Jetzt war ich es, die durch die Puerta Grande hinausgetragen
wurde, ich wandte mich hin und her und sah das Publikum um
mich herum. Alles blickte auf mich. Und ich stellte mir vor, ich sei
unter ihnen und sähe mich selbst an.

Ich widmete den Sieg meinem Vater. Meiner ganzen Familie,
meinen Schwestern, meiner Mutter, doch besonders meinem Vater, für seinen Glauben an mich, seinen Kampf an meiner Seite,
seine Unterstützung. Er war genauso gerührt wie ich selbst, ich bin
sicher, daß er an jenem Tag weinte, ganz sicher flossen in der
Abgeschiedenheit des Zimmers auch bei ihm die Tränen. »Siehst
du, man muß nur an sich glauben«, meinte er. Niemand hatte mir
die Hand gereicht, als die Zeiten schlecht waren, nur mein Vater.

Das Hotelzimmer summte um mich herum vor Stimmengewirr.
»Enhorabuena, enhorabuena, enhorabuena!« Das Zauberwort des
Stierkampfs. Es verletzte mich, es aus dem Munde von manchen
zu hören, die in den schweren Zeiten nicht zu mir gehalten hatten.
Nachdem der Trubel vorüber war, dachte ich: »Ich bin sicher, wäre
das heute nicht so gelaufen, dann hätte ich einsamer dagestanden
als jemals zuvor.« Denn zu den traurigen Seiten des Stierkämpfer-
lebens, auch der berühmten Toreros, gehört es, daß ihr Zimmer

115

randvoll mit Leuten ist, wenn beim Kampf alles gutgeht; doch an dem Tag, an dem es schlecht läuft, sind dort nur der Torero und sein Degenknecht. Auch damit muß man fertigwerden.

Der Dokumentarfilm, den sie drehten, endete wie ein Märchen, in dem der Traum Wirklichkeit wird. Von da an änderte sich mein Leben von Grund auf. Eines Tages klingelte bei mir zu Hause das Telefon. »Ich bin die Sekretärin von Enrique Patón.« Wenn man in Madrid siegt, muß man es zu nutzen wissen, denn sonst geht der Sieg vorüber und in die Geschichte ein, nützt aber nichts für die Karriere. Enrique Patón sprach mit meinem Vater und berichtete ihm, daß Simón Casas mit uns reden wollte.

Zweiter Teil

Matadora

Der Mann, der Stierkämpferinnen machte

Simón Casas befand sich in den Sanfermines, als er hörte, daß Cristina Sánchez in Madrid einen Triumph gefeiert hatte. Er wollte mit uns sprechen. Nach langer Zeit der Dunkelheit begann ich endlich wieder etwas Licht zu sehen.

Simón war eine wichtige Persönlichkeit im Stierkampfsport, der die Veranstaltungen einer so bedeutenden Arena wie der von Nîmes organisierte. Er lebte mit einer Frau zusammen, die Stierkämpferin zu Pferde war, Maria Sara, und vertrat sie als ihr Manager. Er hatte es erreicht, daß sie zum Kreis der Männer Zutritt bekam. Sie kämpfte schon Seite an Seite mit den Stars.

Simón kannte mich von Anfang an, seit ich die Stierkampfschule verlassen hatte. Mein erster Manager hatte ihn damals angerufen und ihn gebeten, uns auf sein Gut einzuladen, damit er mich kämpfen sehen konnte. Er willigte damals in der Überzeugung ein, daß mein Manager – und auch ich – von seiner und Maria Saras Bekanntheit profitieren wollte. Sein Mißtrauen entstand aus dem Wunsch heraus, Maria zu schützen. Ich weiß, daß er ihr sagte: »Da kommt Cristina Sánchez zu Besuch, ein Mädchen, das Stierkämpferin werden will. Sie wird hier bei uns gegen ein paar Kühe kämpfen. Das ist kein Problem, aber laß dich nicht mit ihr zusammen fotografieren. Ich möchte nicht, daß sie dir wie ein Vampir deine Berühmtheit aussaugt.« Heute gibt er zu, daß diese Bemerkung vollkommen zynisch war, aber gleichzeitig auch völlig normal und professionell. Zur Professionalität gehört der Zynismus.

Es kam der Tag des Besuches, und ich war ein paar Stunden Gast im Haus von Simón. Meine Schüchternheit beeindruckte ihn. Ich hegte eine große Bewunderung für ihn, brachte kaum ein Wort heraus, und wenn ich sprach, versagte mir fast die Stimme. Simón, eine Persönlichkeit in der Welt des Stierkampfs, ein attraktiver Mann mit dem Flair des Bohemiens, im Aussehen eine Mischung der jüdischen Züge seiner Vorfahren und seiner angeborenen französischen Eleganz. Ein Blick, der Leidenschaft verrät, und eine bestimmte Ausstrahlung, die mich verwirrte. Meine Bewunderung für ihn wuchs noch, jetzt, da ich ihn persönlich kennengelernt hatte.

Auch Maria Sara bewunderte ich sehr, trotz einer Bemerkung, die sie im Radio über mich gemacht hatte: Der Journalist hatte sie nach mir gefragt, und sie hatte geantwortet, sie glaube nicht, daß eine Frau im Stierkampf zu Fuß eine Zukunft haben könnte. Das gefiel mir natürlich überhaupt nicht, aber ich bewunderte sie, und ich hatte große Lust, sie kennenzulernen.

Simón hat mich von jener Begegnung als ein sehr ernstes Mädchen in Erinnerung, brav, ordentlich und recht provinziell. Und er erzählt, mein Blick beim Abschied habe ihn beeindruckt. Manchmal gibt uns der Blick des anderen den Widerschein des eigenen Blicks zurück. Simón las in dem meinen das, was er selbst fühlte, er erkannte in meinen Augen dieselbe Leidenschaft für den Stierkampf, die er an sich kannte. Ihn überraschten die Wärme meines Blicks und die Entschlossenheit, die darin lag. Er bemerkte jedoch auch so etwas wie Neid auf Maria Sara, darauf, daß sie es bereits geschafft hatte, ihren Traum zu verwirklichen, und ich noch nicht.

Jetzt, Jahre später, erzählten ihm ein paar Freunde bei der Feria in Pamplona, daß man eine gewisse Cristina Sánchez gerade in Madrid auf Schultern aus der Arena getragen habe. Er verbrachte den ganzen Abend damit, ihnen klarzumachen, daß das nicht funktionieren könne, selbst wenn man mich in Madrid bei einem Abendstierkampf auf Schultern getragen habe, sei es unmöglich, daß eine Frau Stierkämpferin würde.

»In der Paarbeziehung zwischen dem Stier und dem Stierkämpfer ist der Stier das männliche Element. Das weibliche Element ist der Torero, der bunt angezogen daherkommt, ein Hemd mit Blumenmustern trägt und rosafarbene Strümpfe, der auf Zehenspitzen geht, der in seiner ganzen Gestik sehr feminin wirkt. Ganz offensichtlich macht der Mann die Zweideutigkeit, die Zweige-schlechtlichkeit zum Ritual. Eine Frau, die zu Fuß Stierkampf betreiben möchte, würde in die Haut einer Figur schlüpfen, die sie imitiert, würde ihre eigene Imitation imitieren, eine Parodie. Ein unmöglicher Widersinn auf ästhetischer Ebene. Es zerrisse die notwendige Zweideutigkeit der Begegnung zwischen Stier und Stierkämpfer. Der Mann hat das Gebiet der Zweideutigkeit inner-halb der Arena besetzt. Eine Frau kann nicht Stierkämpferin wer-den, nicht einfach nur deshalb, weil sie eine Frau ist, sondern weil der Mann den Platz der Frau besetzt hat, ihn sich ganz zu eigen gemacht hat. Es ist einfach ein historisches Problem; der Mann ist vor der Frau gekommen, hat dieses Gebiet abgesteckt und es be-setzt.«

Polemische Themen rufen hitzige Diskussionen hervor, und Simón verteidigte seine Theorie mit Leidenschaft.

»Als Zuschauer können wir hinnehmen, und nicht nur hinneh-men, sondern auf gewisse Weise sogar wünschen, daß der Stier den Stierkämpfer erwischt, doch wenn es eine Frau ist, könnte das Horn, das Phallussymbol, in den Leib unserer Mutter eindringen. Und das ist unmöglich, denn wir können nicht hinnehmen, daß das Horn genau in den Ort unserer eigenen Geburt hineinfährt, das wäre symbolisch so, als würde uns das Leben verwehrt. Deshalb kann sich eine Frau nicht vor die Hörner eines Stieres stellen. Denn das Risiko ist nicht nur ihr eigenes, sondern auch das des Zuschau-ers.«

An jenem Abend versuchte er seine Freunde von der Unmög-lichkeit zu überzeugen, daß Cristina Sánchez Stierkämpferin zu Fuß würde. An jenem Abend, nach jener Unterhaltung, in der er seine Überzeugungen recht aggressiv vertrat, erschien ihm mein Blick in seiner Erinnerung. In gewisser Weise fühlte er sich schul-dig, mir das verweigert zu haben, was ich bei meinem Besuch bei ihm gesucht hatte. Ein Schuldgefühl, das nichts mehr mit dem Stier zu tun hatte. Er hatte die Tür seines Hauses vor mir ver-schlossen, mir die Gastfreundschaft verweigert, mir seine Wohnung und damit auch den Stierkampf als verbotenes Terrain ausgewiesen.

Am nächsten Tag, als die Erinnerung an meinen Blick ihre nächtliche Arbeit getan hatte, war seine Haltung mir gegenüber nicht mehr die gleiche wie am Vorabend. Die Geschichte meiner Blicke und seiner Schuldgefühle waren entscheidend für mich. Und ein Wink des Schicksals, der dazu führte, daß Simón in Pamplona eine Freundin von mir traf, eine deutsche Journalistin. Simón erzählte ihr von der Diskussion mit seinen Freunden, von seiner Ablehnung der Möglichkeit, daß eine Frau es mit dem Stier aufnähme, er sprach von mir, von seinen Schuldgefühlen und von meinen Augen.

»Wenn du willst, gebe ich dir die Telefonnummer von Cristina«, antwortete die Freundin.

Vielleicht hätte er mich ohne dieses Zusammentreffen nie angerufen. Ein Wink des Schicksals.

Da wartete ich also auf den Anruf eines Stierkampfprofis, der meiner Karriere den entscheidenden Schub geben konnte. Simón könnte es schaffen, denn er hatte es schon einmal möglich gemacht, daß eine Frau kämpfte. Doch ich wußte, daß er genauso dachte wie Maria Sara, wenn es um den Stierkampf zu Fuß ging. Einen Großteil seines Lebens hatte er damit verbracht zu predigen, es sei unmöglich, daß eine Frau vor den Hörnern eines Stieres stehe. Ich fürchtete, er würde nicht anrufen. Aber dann tat er es doch.

Wenig später traf ich Maria Sara im Victoria-Hotel. Sie war hübsch, blond und schlank, redete viel, war sehr sympathisch. Simón Casas war nicht mehr ihr Manager, doch er unterstützte sie weiterhin. Ein paar Tage später erzählte mir Simón, daß sie ein Kind erwarte. Sie war verheiratet, war schwanger und kämpfte immer noch! Und kurz nachdem sie ihre Tochter zur Welt gebracht hatte, war sie schon wieder in der Arena.

Sevilla und die Leidenschaft des Flamenco

Von nun an veränderte sich alles, die Dinge wurden ernsthafter und verbindlicher. Ich war noch dabei, die Verträge zu erfüllen, die ich vor Madrid unterzeichnet hatte, und Simón begleitete mich oft zu den Kämpfen in Arenen zweiter Klasse. Er war sonst immer nur in den allerbesten Arenen zu Hause gewesen, wo es die besten Stiere gab, und hatte mit Veranstaltern zu tun gehabt, die hielten, was sie versprachen. Ich kämpfte in den kleinen Städten in der Provinz, wo die Veranstalter oft eine Sache sagten und eine ganz andere taten. Auf dem Land ist die Welt des Stierkampfs eine ganz andere als in den Städten: viel einfacher und derber, aber auch authentischer, denn man darf nicht vergessen, daß der Stierkampf ursprünglich vom Land kommt.

Simón war anderes gewöhnt: »Mit diesem Menschen kann ich nicht reden, wir sprechen nicht die gleiche Sprache.« Er kannte nur die schönen Seiten des Stierkampfs, die großen Arenen, die eleganten Hotels, die kompetenten und gut organisierten Veranstalter.

Mein Vater und ich hatten vor dem Stierkampf in Madrid mit dem Veranstalter der Arena von Sevilla gesprochen, Don Diodoro Canorea. Er meinte, er würde sein Bestes tun: Das ewig gleiche Lied, man sagt nicht nein, man sagt nicht ja. Nachdem ich in Madrid gesiegt hatte, versuchten wir es noch einmal, jetzt allerdings mit Simón als Manager. Plötzlich wurde ganz anders geredet, auf einmal war alles kein Problem mehr. Wir verabredeten den 3. September für meinen Stierkampf in Sevilla.

Im Stierkampf gibt es drei wichtige Arenen: Madrid, Sevilla und Mexico City. Simón überbrachte mir die Nachricht, daß man mich in Sevilla ins Programm genommen hatte, und ich freute mich riesig. Ich fühlte mich in bester Verfassung, denn ich spürte, wie mich all das motivierte, was sich da in kurzer Zeit so positiv für mich entwickelt hatte.

Ich ging nach Sevilla, und wieder erlebte ich dieselbe Spannung wie in Madrid. Die Rundfunk- und Fernsehstationen waren da, man stellte große Erwartungen an mich. Eigentlich war es nicht das erste Mal, daß eine Frau in einer wichtigen Arena kämpfte. Maribel Atienza hatte das schon vor Jahren getan, doch schien man es vergessen zu haben. Es war eine Revolution.

Ich kämpfte in Sevilla. Ich fühlte mich sehr wohl in dieser Arena. Sevilla hält schweigend inne, wenn der Matador in der Arena steht. Das Schweigen motiviert während des Kampfes, es ist Ausdruck der Aufmerksamkeit des Publikums, der Bedeutung, die es dem Kampf zwischen Stier und Stierkämpfer beimißt, des Respekts und der Hochachtung. Während der Torero kämpft, hört er nichts weiter als die donnernden Hufe des Stiers und das Streifen der *capa* auf dem Sand. Und wenn Sevilla »Olé!« ruft, dann füllt sich die Luft mit der Leidenschaft des Flamenco.

Es gibt drei verschiedene »Olé!«: das von Madrid, das von Sevilla und das von Mexiko. Alle gehen einem ans Herz, doch sind sie alle drei anders. Das »Olé!« von Madrid ist streng und kastilisch. Das von Mexiko ist wie die Mexikaner, ausdrucksvoll, kommunikativ und galant. Das von Sevilla jedoch ist wie ein Freudengesang.

In der Arena »La Maestranza« in Sevilla bemerkte ich die Ähnlichkeit zwischen Stierkampf und Flamenco, die Beziehung zweier Künste, die auf dem Pathos gründen. Mir wurde klar, daß sich Simón Casas nicht allzuweit von der Wahrheit entfernt hat, als er mit seinem wunderbaren französischen Akzent erklärte:

»Die Künstler unter den Toreros stammten oder stammen, dem Mythos des Stierkampfs zufolge, aus der Gegend südlich von Despeñaperros. Der Torero ist ein Künstler, der sich aus seiner Kultur nährt. Der berühmte *temple* zum Beispiel ist die langsame und fließende Bewegung des Toreros, die den Figuren mit der *capa* ihre Schönheit und ihren Ausdruck verleiht. Der *temple* ist die Langsamkeit. Den Stierkampf muß man langsam angehen, wie die

124

Liebe. Und die Andalusier sind darin sehr langsam. Der Stierkampf ist in gewisser Weise eine andalusische, eine maurische Kunst.

Der Stierkampf und der Flamenco wurzeln in derselben Kultur, im Irrationalen des Lebens, im Mythos. Gemeinsam ist ihnen das Spiel mit der Leidenschaft, dem Tod, der Liebe, der leidenschaftlichen Hingabe. Der Torero begreift die Gefühle, die der Flamenco ausdrückt, sehr gut. Seine Roheit, seine Ungeschliffenheit ist dem Torero verständlich, denn wie der Stierkampf ist es eine Kunst voller direkter Gefühle und ihres Ausdrucks. Der Torero freut sich am gefühlsbetonten Flamencogesang, der immer mit dem Pathos des Lebens zu tun hat. Die Ästhetik des Stierkampfs beruht auf dem Leiden und auf dem Tod. Ein mexikanischer Torero sagte einmal zu mir: ›Im Stierkampf gibt es drei Säulen: das Pathetische, das Ästhetische und das Ethische.‹

Der Stierkampf ist eine hohe Kunst, allerdings auch eine schnell vergängliche. Die Emotion hinterläßt keine greifbaren Spuren, auf die man sich beziehen könnte, denn es ist eine Kunst, die in dem Augenblick verschwindet, in dem sie entsteht.

Die Stierkampfarena als Bühne zwischenmenschlichen Geschehens ist eine Bühne, auf der in einem bestimmten Moment eine Ästhetik entsteht, die auf den grundlegendsten Emotionen aufbaut, den grundlegendsten Ängsten des Menschen. Die grundlegendste Angst des Menschen ist die vor dem Tod. Doch ist der Stierkampf nicht die Kunst vom Tod des Stiers oder des Stierkämpfers, es ist die Kunst vom Tode des Zuschauers. Der Zuschauer wird beim Stierkampf damit konfrontiert. Es handelt sich um die Ritualisierung des Todesschauspiels und der Schönheit des Todes, in der Transformation unserer pathetischen Sterblichkeit. Der Mensch hat Angst vor seinem Tod und sucht nach einer Liturgie, die ihn vor seiner eigenen Vergänglichkeit schützt. Die Kunst des Stierkampfs entsteht aus dem Bedürfnis, diese existentielle Angst in Kultur zu verwandeln. Es ist wie eine Flucht vor dem Tod.

Das Wichtige am Tod ist nicht das Resultat, sondern die Intention. Es mag seltsam klingen, doch kann man zärtlich und voller

Liebe töten. Beim Stierkampf haben negative Gefühle keinen Platz, es gibt keine Aggressivität, keinen Wunsch nach Zerstörung. Das Leiden ist ein Ergebnis der Leidenschaft, die von ganz tief innen kommt, wie beim Flamenco. Der Torero und der Flamenco-sänger stellen sich der Angst mit der Sicherheit, die ihnen ihre Kunst gibt, mit der Freiheit, die die Leidenschaft verleiht, mit der Hingabe, die den Helden eigen ist, und die Otaegui, einen der letzten von Franco Hingerichteten, sagen ließ, als er schon vor dem Erschießungskommando stand: ›Sucht mich nicht unter der Erde, denn ich bin ein Wind der Freiheit.‹ Und dann fielen die Schüsse, und er war tot. Solche Worte im Angesicht des Todes können nur diejenigen aussprechen, die von Leidenschaft getrieben sind.«

Meine Leidenschaft war es auch, die mich nach Sevilla in die Arena »La Maestranza« brachte. Und dazu, gleich beim ersten Stier mit einem Ohr ausgezeichnet zu werden. Die Auswahl der Stiere war sehr gut. Tatsächlich schien sich alles zu ändern, seit Simon mich managte, ich bekam gute Stiere in guten Arenen, kämpfte nicht mehr nur in den Provinzstädten gegen Stiere aus Zuchten, die niemand kannte. Den ersten Stier tötete ich mit dem ersten De-genstoß. Der zweite kam mit nicht allzuviel Kraft heraus, doch genau mit der richtigen Geschwindigkeit, was man in jeder wich-tigen Arena zu schätzen weiß, denn es ermöglicht einen lang-samen, präzisen Stierkampf. Diesen Stier traf ich erst beim zweiten Mal richtig. Wenn ich ihn gleich mit dem ersten Degenstoß getötet hätte, wären mir sicherlich zwei Ohren zugestanden worden.

In der Arena von Sevilla gibt es zwei Tore, die Puerta Grande und die Puerta del Príncipe. Der Torero verläßt die Arena durch die Puerta Grande, wenn er zwei Ohren erhält, und durch die Puerta del Príncipe bei drei Ohren, das heißt, von einem der beiden Stiere muß er beide bekommen. Das Publikum wartete darauf, mir bei meinem zweiten Stier beide Ohren zuzugestehen und mich durch die Puerta del Príncipe hinausgehen zu lassen, doch ich stach beim ersten Stoß daneben und bekam nur eins.

Während ich durch die Puerta Grande hinausging, konnte ich

nicht fassen, was mir widerfuhr. Noch ein erfüllter Traum. Überall gratulierte man mir und lobte mich in den höchsten Tönen mit diesen sympathischen sevillanischen Ausdrücken, und ich behielt einen Satz in der Erinnerung, den ich später noch mehr als einmal hören sollte: »Ich dachte, ich bekomme eine Frau zu sehen, und habe einen richtigen Torero gesehen.« Genau das will ich ausdrükken, wenn ich sage, daß ich Torero bin. Sie sollen vergessen, daß ich eine Frau bin, wenn sie mich in der Arena sehen, denn dort bin ich nur Torero. Sie sollen einen Torero sehen, man soll keinen Unterschied erkennen.

Wir waren alle sehr glücklich. Simón auch. Ich hatte mein Tief überwunden, welches mich beinahe dazu gebracht hätte, das Handtuch zu werfen.

Die spanische Saison ging zu Ende. Die ganze Gemeinde der Aficionados sprach von mir, und wir dachten schon an meine Einführung als Matador. Ende September flog ich nach Amerika.

Stierkampf in Mexiko

In jenem Jahr hatte ich schon in Madrid gekämpft und in Sevilla, und jetzt würde ich in Mexiko kämpfen. Zusammen waren das die drei wichtigsten Arenen, die drei größten Träume aller Toreros. Am Sonntag sollte ich in der Arena von Mexico City stehen, doch zuvor, am Samstag, kämpfte ich in San Miguel de Allende, um zu erfahren, wie die Stiere hier in Mexiko angriffen. Der mexikanische Stier ist anders als der spanische, er greift gemächlicher an, und man muß lernen, sich seinem Rhythmus anzupassen. Es ist ein wenig wie mit den Menschen dort, sie sind langsamer und gemütlicher als wir Europäer. Der mexikanische Stier hat nicht diese Angriffslust, diese Beweglichkeit und diese Wildheit, die der spanische Stier besitzt.

Gegen den spanischen Stier läßt sich leichter kämpfen: Er geht aufs Ganze, treibt einen hinter den Plankenschutz, reißt mit den Hörnern die Bretter heraus. Er hat mehr Rasse und mehr Temperament. Er ist wie die Spanier selbst, nervös, wild und aggressiv, ein Stier, der gleich voll einsteigt, stark hereinkommt und sofort angreift. Es kommt der Moment, da beginnt er zu lernen, und du weißt, daß du ihn jetzt töten mußt, denn er taugt nicht für lange Kämpfe. In Spanien kann man vielleicht drei Manöver mit der *muleta* machen. In Mexiko mußt du sieben machen, und der Stier läßt sie alle sieben zu. Der südamerikanische Stier ist freundlicher.

Der mexikanische Stier gefällt mir sehr, er kann so viel Harmonie haben, ein ganz besonderes Temperament. Es ist ein Genuß, wenn ein mexikanischer Stier herauskommt und angreift, denn der mexikanische Stier fängt gemächlich an und wird dann stärker. Es ist ein Stier, der nicht nachläßt. Manchmal meint man dann, er greife nicht mehr an, sondern sei schon müde, und man hat schon keine Lust mehr zu kämpfen, da kommt er wieder.

Der Charakter der mexikanischen Stiere ist wie der der mexikanischen Männer: verführerisch und gelassen. Die Mexikaner sind wirklich gelassene Verführer, sogar noch in ihrer Art zu reden. Ich beneide sie um diese Leichtigkeit der Rede, die sie besitzen, diese so vielseitige Sprache, diesen reichen Wortschatz. Einmal hörte ich, wie ein Torero den Damen einen Stier darbot, und ich weiß noch, wie ich dachte: »Wenn man mir einen Stier so darbietet, dann werfe ich mich gleich hinunter in die Arena.«

San Miguel de Allende. Ich nahm an einem Jungstierkampf teil, der »La Pamplonada« genannt wird, weil er an Pamplona erinnert. Es werden vorher alle Straßen gesperrt, und man sieht weder Stiere noch Kühe noch sonst irgend etwas, nur eine riesige Menschenmenge. Ich zog mich in einer Privatwohnung um. San Miguel de Allende ist eine wunderschöne Stadt im Kolonialstil. In die Arena zu gelangen war ziemlich abenteuerlich, denn sowohl das Publikum als auch die Toreros kamen durch die gleiche Tür herein. Die Menge schob mich von hier nach dort, bis ich schließlich im Hof der *cuadrilla* anlangte. Dort gab es eine stürmische Begrüßung, alle wollten mich berühren, redeten auf mich ein ... Die fröhliche Stimmung des Festes beeindruckte mich. Die Ränge der Arena füllten sich mit jungen Leuten meines Alters, es sah fast so aus, als sei eine ganze Universität zum Stierkampf gekommen. Unter ihnen war auch der, in den ich mich später verlieben sollte, aber damals kannte ich ihn noch nicht.

Mit dem ersten Stier lief alles bestens, es war ein sehr guter Jungstier. Als ich jedoch den zweiten töten wollte, schlug er mir die Seite seines Horns mitten ins Gesicht, wirbelte mich herum, und ich verlor das Bewußtsein. Im Erste-Hilfe-Raum kam ich wieder zu mir, mein Gesicht war dick geschwollen und ich hatte starke Schmerzen, so daß ich glaubte, er habe mir die Nase zertrümmert. Man brachte mich in eine Klinik und machte Röntgenaufnahmen, aber es lag kein Bruch vor.

Auch wenn ich vom Stier nicht sichtbar verletzt worden war, hatte mir der Überschlag doch sehr schmerzhafte Stauchungen beigebracht. Diesen Überschlägen mißt man keine große Bedeutung bei, doch nach einem Stoß, hinter dem sechshundert Kilo stecken, tut einem am nächsten Tag alles weh. Und wenn du einen Tritt abbekommst, dann ist das so, als würde dich ein Auto überrollen. Es ging mir ziemlich schlecht, mein Schädel brummte ordentlich, ich konnte nicht schlafen. In der Woche danach bat ich meinen Vater, mich zum Arzt zu bringen, denn trotz der Tabletten waren die Schmerzen noch nicht besser geworden. Man machte eine Tomographie und stellte fest, daß ich einen kleinen Riß im Backenknochen hatte. Man sagte mir jedoch, ich solle nichts darauf geben. Zehn Tage später, in Spanien, sollte man allerdings doch etwas darauf geben. Der dortige Doktor sagte mir, ich hätte den Backenknochen gebrochen, und wenn er mir den nicht eingipse, könnte es sein, daß er schlecht zusammenheile. In ein paar Jahren könne er dann beginnen, sich zu deformieren. Er gipste mich ein.

Man hatte mir das Gesicht gebrochen, auch wenn das komisch klingt. Der Trigeminusnerv war angegriffen worden, was entsetzliche Zahnschmerzen zur Folge hatte. Doch ich mußte am Sonntag kämpfen, mit oder ohne Schmerzen.

Am Eingang der »Monumental de México«, »La México«, wie die Arena in der ganzen Welt nur genannt wird, hängt eine Bronzeplatte mit ein paar Versen des spanischen Dichters José Alameda: »Stierkampf bedeutet nicht kunstvolles Entkommen, sondern leidenschaftliche Hingabe.« Für diese Hingabe mußte ich meine Schmerzen vergessen.

»La México«: Ich hatte die Arena leer gesehen, und es schien mir unmöglich, sie zu füllen, sie ist unglaublich groß. Die Arena ist nach unten in die Erde hineingebaut, von außen sieht man nur die obere Hälfte. Am Tag meiner Ankunft sah ich sie mir von oben aus an und dachte, sie kann unmöglich voll werden. Später dann sah ich von unten her nach oben hinauf, und es schien mir noch unmöglicher, daß sie sich füllte, weil man von unten noch mehr

Ränge sieht. Die Arena bietet Platz für 45 000 Zuschauer, und wenn sie oben dicht gedrängt stehen, faßt sie sogar 50 000.

Manolete hatte eine große Anhängerschaft in Mexiko, und viele Menschen mußten draußen vor den Arenen bleiben, wenn er kämpfte, denn sie paßten nicht mehr hinein. Deshalb baute man »La México« für ihn, damit alle hineinpaßten, die ihn sehen wollten. Es bildeten sich immer lange Schlangen vor den Kassen, das Publikum war verrückt nach ihm. Ich habe ein Video über Manolete in Mexiko gesehen. In diesem Video sah ich die Arena und begann davon zu träumen, eines Tages selbst dort zu kämpfen.

Nun war dieser Tag gekommen. Ich befand mich in meinem Hotelzimmer, da meldete sich Radio Nacional de España, um mich zu interviewen. Als ich sie hörte, ging es mir richtig ans Herz. Da saß ich in Mexiko, und sie meldeten sich aus Spanien bei mir. Es war das erste Mal, daß ich live interviewt wurde. Ich war gerade dabei, mir die Stierkämpfertracht anzuziehen, und da meldete sich Spanien. Ich dachte an meine Mutter und fragte mich, ob sie mich jetzt wohl hörte.

Ich zog mich fertig an, wir gingen hinunter, und Joel fuhr uns in die Arena. Simón, mein Vater und ich saßen im Wagen, wir waren alleine, denn ich hatte keine *cuadrilla* dabei. Als Jungstierkämpferin mußte ich keine *cuadrilla* mit nach Amerika bringen. Nur mein Vater kam natürlich mit. Ganz langsam näherten wir uns der Arena und bahnten uns einen Weg durch die Menge, die sich um uns drängte, um mich zu sehen. Wir kamen kaum voran, so viele Leute waren da, das Publikum war wie verrückt nach mir. Alle wollten mich berühren und riefen mir lauter nette Dinge zu.

Die Arena war fast voll. Das war ein großer Erfolg, denn zu den Jungstierkämpfen gehen dort sonst nur drei- oder viertausend Leute. Wie jeder Künstler braucht der Torero Publikum, um motiviert zu werden. Auch wenn fünftausend Zuschauer gekommen wären, so hätte man das in einer solch großen Arena überhaupt nicht gesehen. Doch jetzt, angesichts dieser vielen Menschen, verschwand meine Sorge, vor leeren Rängen kämpfen zu müssen. Die Aficionados wußten bereits, wer ich war und warteten auf mich, doch daß die Arena so voll war, und sicherlich nicht nur mit Aficionados, das berührte mich schon sehr. Offensichtlich hatte sich mein Erfolg in San Miguel de Allende bis hierher herumgesprochen.

Ich war zwei Tage vor der Corrida in Mexico City angekommen, und man hatte mir auf dem Flughafen einen unglaublichen Empfang bereitet. Im Gang, der aus dem Flugzeug ins Flughafengebäude führte, sah ich plötzlich eine Menge Fernsehkameras und Fotografen. Ich drehte mich um und dachte, wer mag da wohl auf diesem Flug mitgekommen sein? Ich hatte überhaupt nicht erwartet, daß diese Leute alle wegen mir da waren. Man überschüttete mich mit Fragen.

Das war eine phantastische Werbung, man wiederholte es andauernd im Fernsehen, und es erschien in allen Zeitungen. Die Stierkampfarena gehört dem Fernsehkonzern Televisa, der natürlich ein großes Interesse daran hatte, möglichst viele Besucher in die Arena zu locken. So kam es, daß schließlich alle Welt von meinem Auftritt in Mexiko wußte. Am Morgen meines großen Tages hatte der Sender eine Reportage über die Corrida von San Miguel de Allende gebracht.

Als ich nun aus dem Wagen stieg, umringten mich gleich wieder die Presseleute. Sie folgten mir bis zum Hof der *cuadrilla*, ich war sehr nervös und dachte überhaupt nicht mehr an meine Schmerzen. Die Leute fragten mich nach meiner Verletzung, denn meine Wange war stark geschwollen.

Der Einzug in »La México«. Ein Brauch dort ist, daß das Publikum »Olé!« ruft, wenn die Toreros in die Arena kommen. Ich wußte nichts davon, und als ich das tausendfache »Olé!« hörte, wäre ich beinahe gestolpert vor Schreck. Meine Beine zitterten. Der Einzug in Madrid, in Sevilla und in Mexiko war jeweils völlig unterschiedlich. Jedesmal unvergeßlich, drei unterschiedliche Glücksgefühle und dreimal die Angst, nicht zu wissen, was passieren würde.

Als beim ersten Schritt in der Arena das Publikum in sein donnerndes »Olé!« ausbrach und ich nach oben schaute, war es,

132

als würden die Leute auf mich herunterstürzen. Noch die Zuschauer der obersten Ränge schienen ganz nahe zu sein. Die Arena war brechend voll, ich konnte es kaum glauben. Ich war überwältigt. Mir zitterten immer noch die Knie. »Wenn das nicht aufhört, kann ich mich vor dem Stier nicht auf den Beinen halten.« Dann war der Einzug zu Ende. Simón und mein Vater sagten: »Bleib nur ruhig!« Und: »Sieh doch nur, wie schön das ist!«

Der erste Stierkämpfer ging in die Arena hinaus, der Stier wurde vom Picador gestochen, und ich stand mit dem anderen Torero in der Nähe des Pferdes. Der Matador bedeutete mir mit der Hand, ich solle herbeikommen, er bot mir an, den Stier vom Pferd wegzuholen. Das verwirrte mich, denn normalerweise wird der Stier von den Toreros in der Reihenfolge vom Pferd weggeholt, in der sie kämpfen. Ich sollte als dritte kämpfen, deshalb konnte ich den Stier eigentlich nur dann vom Pferd wegholen, wenn er ein drittes Mal gestochen würde. Der Stier war erst einmal gestochen worden, ich war also noch lange nicht an der Reihe. Ich schaute nach allen Seiten, um zu sehen, wen der Matador meinte. »Mein Gott, hoffentlich meint er nicht mich!« Es fällt mir schwer, einen Stier anzunehmen, der nicht meiner ist, wenn ich noch nicht angewärmt und geistig darauf vorbereitet bin, in die Arena zu gehen. Ich schaute den anderen Torero an, der neben mir stand, als wolle ich ihm sagen: »Ich glaube, du bist gemeint.« Schließlich merkte ich, daß er mich meinte, und näherte mich. Der Matador gewann die Zuschauer für sich, und das ganze Publikum begann zu applaudieren. Ich war schrecklich nervös, als ich den Stier annahm, konnte kaum klar denken und wußte kaum, was ich mit ihm anstellen sollte. Ich holte den Stier mit ein paar *verónicas* vom Pferd weg, und das Publikum brach in ein vielstimmiges »Olé!« aus. Von diesem Augenblick an wurden meine Nerven ruhiger.

Die Stiere dieser Corrida waren hervorragend, sie stammten aus der Zucht von Pepe Garfias. Es waren Stiere mit genau der richtigen Ruhe und Geschwindigkeit, um Figuren mit der *muleta* zu machen, die wie Zeitlupe wirkten. Ich fühlte, wie der Stier langsam, ganz langsam an mir vorbeikam. Den Stier herbeiholen, ganz dicht an die *muleta* locken. Das Publikum erhob sich auf den Rängen, die Zuschauer warfen zum Zeichen ihrer Unterstützung alle möglichen Gegenstände herunter. Die Arena füllte sich mit Hüten und anderen Dingen, während der Stier noch in ihr stand. Schließlich kämpfte ich mit einem Hut in der Hand. Ich vergaß meinen Körper völlig, es wurde mir gleichgültig, ob der Stier mich erwischte oder nicht. Die verhaltene Musik der Kapelle erfüllte die Arena, die Magie des Stierkampfs.

Ich bat darum, daß man mir einen Stier schenkte, die Zuschauer drängten mich dazu, weil ich keine Ohren bekommen hatte. Ich hatte zwei außergewöhnlich gute Stiere gehabt, doch weder beim ersten noch beim zweiten war ich in der Lage gewesen, mit dem ersten Degenstoß zu töten. An jenem Abend jedoch wollte man mich auf Schultern hinaustragen. Mit dem zusätzlichen Stier bekam ich diese Möglichkeit. Auch dieser Stier war hervorragend, ich stieß einmal daneben, dann traf mein Degenstoß. Die gesamte Arena erhob sich auf einmal, alle Zuschauer standen und schrien »Olé!«. Sie riefen es nicht, sondern schrien es tatsächlich. Es überlief mich heiß und kalt. Ich verpaßte dem Stier den Gnadenstoß und spürte, wie sich die ganze Arena erhob. Als der Stier tödlich getroffen war, füllte sich die Arena mit Menschen, die über die Bande kletterten. Man gestand mir ein Ohr zu. Ich lief eine Ehrenrunde. Es flogen Hüte, Jacken und viele Blumen, viele Nelken. Man warf mir einen großen, roten Schal zu, wie eine Schleife. Ich sah aus, als trüge ich eine Geschenkverpackung, wie ich mit meinem mexikanischen Sombrero auf dem Kopf und dem Schal durch die Arena ging.

Der Auszug aus der Arena. Welch ein Gefühl! Man wollte mich auf Schultern hinaustragen, obwohl ich keine zwei Ohren bekommen hatte. Die Zuschauer ließen nicht locker, aber ich sagte nein, man muß die Regeln respektieren.

Eine riesige Menschenmenge hielt die Arena besetzt, alle wollten mich beglückwünschen, herankommen und mich anfassen. Man mußte die Polizei rufen, die mir half, die Arena zu verlassen.

Als wir im Auto saßen, wurden wir von einer Menschenmenge

umringt, die versuchte, auf den Wagen zu klettern. Sie schrien: »Cristina, te queremos.« – »Cristina, wir lieben dich.«

Die Woche danach verbrachte ich noch in Mexiko, wir nahmen an Probestierkämpfen teil. Am Samstag kämpfte ich in Juriquilla, einem herrlichen, kleinen Ort zwei Stunden von der Hauptstadt entfernt, wo die Arena direkt an einen riesigen Felsen gebaut ist, über den ein Wasserfall niederbraust. Ich hatte gute Stiere und einen erfolgreichen Kampf.

Dann kämpfte ich noch einmal in »La México«. Wieder war die Arena ausverkauft, doch diesmal verlief die Corrida nicht so gut wie die erste. Die Auswahl der Stiere war nicht die beste, und es wehte ein starker Wind. Wir Toreros kämpften alle gut, doch wurden uns keine Ohren zugestanden. Beim Stierkampf ist es wie beim Fußball, es reicht nicht aus, gut zu spielen, man muß Tore schießen, wenn man gewinnen will. Bei meinem letzten Stier fühlten sich die Zuschauer betrogen, und ihre Enttäuschung brachte eine gewisse Aggressivität gegen mich mit sich. Aber der Schatten dieses kleinen Mißerfolgs verflog so schnell, wie er gekommen war.

Ich kehrte nach Spanien zurück, um meine Verträge zu erfüllen, und kam dann wieder nach Mexiko. Drei Monate lang blieb ich in Amerika, einen großen Teil davon in Mexiko. Ich kämpfte und erntete Siege. Meinen Vater nannten sie dort den »Schwiegervater Mexikos«, weil ich die »Braut« von ihnen allen war. »Schwiegervater, komm schon, Schwiegervater!« so riefen sie ihm zu, wenn er als Banderillero in die Arena hinausging. Und sie hielten Schilder hoch: »Cristina, wir lieben dich!« Und wenn ich zwei Runden um die Arena lief, änderten sie die Schilder: »Cristina, wir lieben dich immer noch!«

Ich kam nach Spanien zurück, und meine Siege in Mexiko waren in aller Munde. Ich hatte die Arenen nur mit *novilladas* gefüllt, was eigentlich als unmöglich galt. Pauken und Trompeten. Der amerikanische Erfolg und die hervorragende Arbeit meines Managers ermöglichten es mir, bei allen wichtigen Ferias zu kämpfen: Castellón, Valencia, Bilbao, Madrid, Nîmes. Ich kämpfte zusammen mit so berühmten Stierkämpfern wie Antoñete, Joselito und Rincón.

Jungstierkämpfer treten nie gemeinsam mit Matadoren auf, wenn es sich um ein Festival handelt. Diese Festivals sind normalerweise Benefizveranstaltungen, bei denen man nur die Reisekosten und die Kosten der *cuadrilla* berechnet. Es wird in der Tracht der Stiertreiber gekämpft, jeweils drei Matadoren und ein *novillero*. Man wählte mich aus und gestand mir einen Schwanz zu.

Ich verabschiedete mich als Jungstierkämpferin in einer guten Atmosphäre. Die Idee von meiner Einführung als Matador ging Simón bereits im Kopf herum. Und der meine begann vor Aufregung zu summen. Die Verwirklichung meines Traums rückte in immer greifbarere Nähe.

Ich glaube, es war in Bayonne, am Tag des Festivals, als er mir das Programm ankündigte, hinter dem er die ganze Zeit hergewesen war: Curro Romero, José María Manzanares und die Stiere aus der Zucht von Alcurrucén. Meine Einführung als Matador, meine Hochzeit.

Meine letzte *novillada* hatte ich in Madrid, bei der Feria von San Isidro. Es war mein Abschied als Jungstierkämpferin, krönender Abschluß einer ganzen Etappe. »Als nächstes kommt ein Stierkampf mit ausgewachsenen Stieren«, dachte ich, während ich noch in der Arena stand.

Und wieder begann man, mich zu warnen. »Du bist verrückt, jetzt, wo du in den besten Arenen kämpfst, was sollst du dich da als Matador einführen lassen. Wenn du Pech hast, geht es schief, und es ist aus mit dem Stierkampf.« Wie immer verpackten die bösen Zungen ihre Unkenrufe als guten Rat.

136

Die Angst

Es kommt vor, daß mir die Angst die Kehle zuschnürt. Ich beiße mir auf die Lippen, und ein seltsamer Geschmack klebt mir im Mund. Es ist der Geschmack der Angst. Und ich brauche mehr denn je meine fünf Sinne.

Von der Gasse zwischen Arena und Publikum aus kann ich den Stier riechen, er riecht nach Land, nach Feld und nach Angst. Sein Geruch bringt mich instinktiv dazu, das Handgelenk zu bewegen, das die *muleta* führt. Auch wenn ich nicht in der Arena stehe, gibt mir der Geruch des Stiers das Gefühl, zu kämpfen, genauso wie der Klang eines Paso doble bei den Zuhörern den Wunsch zu tanzen auslöst. Ich beginne zu zittern, habe das Gefühl, schon in der Arena zu stehen. Ich höre eine Stimme hinter dem Plankenschutz: »Nimm die Hand weiter runter!« Oder: »Geh ran, geh ran!« Und meine Augen fixieren die Klauen des Stiers, die sich wie Scheren öffnen und in den Sand graben.

Ich nähere mich meinem Vater, um von ihm den Degen zu nehmen. Er läßt nicht zu, daß jemand anders ihn mir trägt. Ich trete an die Bande, ergreife den Degen aus den Händen meines Vaters, spüre den kalten Griff. Höre noch einmal seine Ratschläge, seine Warnungen: »Du mußt seinen Kopf nach unten bringen.«

Das zärtliche Streicheln. Den Stier zähmen, ruhiger machen. Ihn mit der *muleta* führen, ohne daß er sie berührt. Inspiration. Tanz. Ein Zauber liegt über Stier und Stierkämpfer. Ein Brüllen in der Luft. Eine gefährliche Figur mit der *muleta*. Und das Publikum hält den Atem an, denn es sieht die Gefahr und spürt die Angst.

Die Angst des Publikums ist Teil der Magie des Stierkampfs. Das Publikum teilt mit dem Stierkämpfer das Gefühl der Angst, indem es ihm seine ganze Aufmerksamkeit schenkt, mucksmäuschenstill einhält und sich des Risikos bewußt ist, das der Torero eingeht. Indem es wünscht, daß der Torero die Gefahr streift, sich ihr aussetzt, ohne verletzt zu werden. Der Torero weiß das. Die Angst und die Hingabe des Publikums, die gemeinsame, geteilte Emotion ist ein enges Band, das verbindet.

Und auch der Stier gibt sich hin. Der Stier ist ein Tier, das verwunden kann, manchmal auch tötet, doch sich immer hingibt. Die wahrhaftigen Aficionados spüren das. Aber von ihnen gibt es nur sehr wenige, die Mehrheit kommt in die Arena, um sich zu vergnügen, um dabeizusein und um ein wenig ihre Angst zu genießen. Sie haben einfach ihren Spaß daran, den Torero gut kämpfen zu sehen.

138

Die Vorbereitung

Der Blick des ausgewachsenen Stiers ist nicht wie der des jungen Stiers. Der junge Stier spielt noch und verzeiht, der ausgewachsene nicht mehr. Sein Blick hat die Reife des Mannes, ernst und sicher warnt er einmal, doch kein zweites Mal. Den zweiten Blick richtet er auf den Torero mit dem Ziel, ihn zu verletzen, und er weiß auch wie.

Ich hatte oft gehört, daß der Stier »Sinn entwickele«, daß die Gefahr nicht so sehr in seiner Größe, sondern in der Entschlossenheit seines Blicks besteht. Er entwickelt den Sinn. Er ist nicht länger ein Kind und läßt sich nicht mehr täuschen. Technik und Können des Toreros werden immer wichtiger, um seinem Angriff standzuhalten.

Ich hatte schon sehr große Jungstiere getötet, denn bei den Ferias sind die jungen Stiere praktisch schon ausgewachsen, aber eben noch nicht ganz. Ihnen fehlt noch die Entschlossenheit des Blicks.

Wenn man sich auf seine *alternativa*, die Einführung als Matador, vorbereitet, macht man normalerweise erst einmal ein paar Stierkämpfe auf dem Lande, ohne Publikum, damit der Torero den Rhythmus des Stiers herausfindet. Ich dagegen hatte dazu keine Möglichkeit gehabt. Das machte mir Sorgen. Ich wußte, daß man die Tatsache, daß ich eine Frau war, wieder als Erklärung verwenden würde, wenn ich nicht siegte. Und ich fürchtete auch, ich könnte meinen Manager enttäuschen, der gegen seine Überzeugungen auf mich gesetzt hatte.

Die Worte von Simón Casas erreichten mich über Dritte und steigerten meine Angst noch: »Cristina Sánchez hat ein Gebiet

139

betreten, das theoretisch den Frauen verwehrt war, und zwar nicht aus dogmatischen Gründen. Es ist tatsächlich so gut wie unmöglich, daß eine Frau Torero wird, das behaupte ich nach wie vor. Auch wenn ich in der Praxis gegen meine eigene Theorie verstoßen habe, halte ich weiterhin an meiner These fest. Cristina Sánchez fällt einfach vollkommen aus der Reihe, sie ist jemand, der etwas völlig Unnormales tut. Und das tut sie mit großer Schlichtheit und Natürlichkeit. Genau das ist das Ungewöhnliche an ihr, das, was sie zur großen Ausnahme macht.«

Simón glaubte an mich, mit beinahe religiösem Eifer. Sein Glaube an mich und an meine Kunst ließ sich nicht mit den Stimmen vereinbaren, die ihm unterstellten, er würde mich nur managen, weil ein weiblicher Torero ein besonderes Schauspiel sei, das die Arenen besser füllte als ein männlicher Torero. Er verteidigte mich: »Natürlich zieht der Künstler oder Torero, der sich von den anderen unterscheidet, mehr Publikum an. Die Unterscheidungen können ganz verschiedene sein. Es reicht aber nicht allein aus, eine Frau zu sein, um die Arenen zu füllen. Wenn diese Frau ihre Kunst nicht beherrschte, würde sich niemand für sie interessieren. Wenn ich nicht gesehen hätte, wie gut sie sich präsentiert, wie unbeirrt sie ihren Weg geht, hätte ich es nicht übernommen, ihr Manager zu sein.«

Sein Vertrauen zu mir war gegenseitig. Ich wußte meinerseits genauso, daß Simón seine Kunst hervorragend beherrschte, daß er die Fähigkeit dazu besaß, mich groß herauszubringen, mich berühmt zu machen. Das hatte er mir schon bewiesen, und ich wollte ihn nicht enttäuschen.

Viele der Probleme des Berufs, den ich gewählt hatte, verschwanden, als Simón Casas in mein Leben trat. Er ebnete mir den Weg, einen Weg, der es mir ermöglichte, nicht nur zu laufen, sondern zu fliegen, viel schneller, als ich vorhergesehen hatte. Simón und ich bildeten ein Team und eilten von Sieg zu Sieg, ich als Torero und er als mein Manager. Er erfand die Dramaturgie, mich als führende Jungstierkämpferin darzustellen. Er brachte mich in die Arenen von Madrid, Sevilla und Valencia, erste Adressen in der Welt des Stierkampfs, wo die gesamte Elite der Kritiker vertreten war. Er tat alles, um zu zeigen, daß ich die Nummer eins war, und zwar nicht, weil ich eine Frau, sondern weil ich die technisch beste Kämpferin war. Und er schaffte es. Und ich schaffte es auch und wurde die Nummer eins. Und ich brachte Simón mit einem Satz zum Lachen, der nicht von mir stammte: »Da siehst du, wie es um den Stierkampf bestellt ist, wenn der beste Jungstierkämpfer eine Frau ist.«

Es heißt, Erfolge seien schwerer zu verkraften als Niederlagen. Mir jedoch verliehen meine Erfolge die Flügel, die ich brauchte, um weiterzufliegen.

Die gleiche Leidenschaft, die gleiche Begeisterung, mit der er mich verteidigte, setzte Simón auch ein, um meine Einführung als Matador vorzubereiten. Er weckte die Erwartung, er setzte auf mich, und die Kollegen, die Veranstalter und das Publikum schlossen sich ihm an. Ich mußte in der Arena den Tribut zurückzahlen, den sie mir gezollt hatten.

Nîmes

Die Welt des Stierkampfs nährt sich von Gerüchten. Es hieß und heißt immer noch, Simón Casas habe die *maestros* gekauft, die mich als Matador einführen sollten, und daß diese sich kaufen ließen. Nichts ist weiter von der Wirklichkeit entfernt. Simón nutzte nur die Taktik eines guten Managers. Er wußte, daß Curro Romero als genialer Künstler sich einer genialen Idee nicht verschließen würde, und zum ersten Mal in der Geschichte des Stierkampfs eine Frau als Matador einzuführen hatte schließlich etwas Geniales. Curro Romero und José María Manzanares erklärten sich bereit, weil Simón Casas seinen Traum, der auch der meine war, zu verkaufen wußte, weil er mit einer Leidenschaft zu überzeugen verstand, die auch die meine war. Es gab keinerlei finanzielle Interessen, beide Matadore forderten dieselbe Gage wie bei einer normalen Corrida.

Eine Frau zu sein und als Matadorin eingeführt zu werden – das konnte einfach nicht wahr sein, viel weniger noch, wenn es zwei solche Meister wie Curro Romero und José María Manzanares taten. Curro kannte ich nicht einmal persönlich, Manzanares hatte ich einmal auf einer Reise nach Amerika im Flugzeug begrüßt. Ich traute mich kaum, es zu glauben, immerhin bestand noch die Möglichkeit, daß sie es sich anders überlegten, daß sie sich mit irgendeiner Entschuldigung aus der Affäre zogen. Wenn ich bereits Schwierigkeiten mit den Jungstierkämpfern gehabt hatte, was konnte ich da erwarten, wenn ich eine Stufe höher stieg? Curro Romero, einer der genialsten Künstler in der Geschichte des Stierkampfs, ein Torero mit Charisma, der es versteht, Stiere zu töten, wie es sonst niemand kann. Und José María Manzanares, einer der technisch und ästhetisch anerkanntesten Matadore, bewundert und hochgeachtet in seinem Beruf, der *maestro* aller *maestros*. Die Stiere stammten aus der Zucht von Alcurrucén, dem Brandeisen der Veranstalter der Arena von Madrid, den Brüdern Lozano. Ein gutes Programm, das hatte ich mir immer gewünscht, wenn ich von meiner *alternativa* träumte, doch hätte ich mir nie träumen lassen, daß es so gut würde. Es war ein absolutes Spitzenprogramm.

Glücklicherweise zieht die Freude nur vorübergehenden Wahnsinn nach sich. Ich wurde verrückt vor Freude. Zwei Meister des Stierkampfs! Zwei Toreros, die ich bewunderte, seit ich ein kleines Mädchen war, damals, als ich noch nicht einmal daran dachte, Stierkämpferin zu werden. Und diese beiden würden jetzt gemeinsam mit mir auf einem Programm stehen. Verantwortung, Lampenfieber, aufgeregte Vorfreude.

Die Corrida sollte um zwölf Uhr mittags beginnen. Gómez, mein dritter Mann, holte uns vom Gut ab. Ich fuhr im Hotel vorbei, wo meine *cuadrilla* wohnte, und unterhielt mich ein Weilchen mit ihnen und mit Gregorio Sánchez. Sie sagten mir, die Auslosung sei hervorragend ausgegangen. Dann fuhren wir in mein Hotel. Die Zeit verging schnell, und ich mußte anfangen, mich umzuziehen.

Bei ihrer *alternativa* kleiden sich die Toreros normalerweise in Weiß, die Farbe von Zeremonien. Ich machte ein Zugeständnis an meine Koketterie und wählte ein pastellfarbenes Blau, denn Weiß ist nicht sehr vorteilhaft für die Figur. Hellblau und gold, mit ein klein wenig Violett. Ich flocht mir meinen Zopf. Langsam und konzentriert zog ich mich an, wie es die Liturgie verlangt. Silvia war bei mir, bis ich fertig war. Dann ging sie mit meiner Mutter und der »Peña de los Claveles«, dem Stierkampfclub aus Parla, unter denen auch ein paar meiner Freunde und Verwandte waren, zur Arena. Ich blieb allein in meinem Hotelzimmer zurück, nur mit meinem Degenknecht und ich spürte noch den Kuß meiner Mutter auf der Wange. Meine *cuadrilla* holte mich ab.

Wie immer machte mir meine Nervosität zu schaffen. Obwohl ich in Nîmes schon als Jungstierkämpferin gewesen war, wußte ich in der Arena auf einmal nicht mehr, wohin ich mich wenden sollte. Desorientiert sah ich mich nach allen Seiten um, ohne irgend etwas wiederzuerkennen. Jemand führte mich in einen kleinen Raum in der Nähe der Kapelle, und dort sah ich Curro zum ersten Mal. Meine Nervosität nahm zu, ich mußte ihn begrüßen. Er sprach mich zuerst an und machte mir Mut. Entgegen des Bildes eines harten Mannes, das ich mir von ihm gemacht hatte, beruhigte er mich dadurch, daß er sanft und freundlich mit mir umging. Ich hatte immer geglaubt, er sei unnahbar und für mich kaum zu erreichen, und doch stand er jetzt dort vor mir. Wir kämpften im selben Programm, trugen beide die Stierkämpfertracht. Wir sprachen wenig, es geht einem zu viel im Kopf herum unmittelbar vor dem Kampf, und die Worte kommen nur spärlich. Dies ist nicht der Moment, sich zu unterhalten, weder er noch ich waren dazu in der Stimmung.

Den Meister Manzanares traf ich im Hof der *cuadrilla*, ich begrüßte ihn, und auch er sprach mir mit ein paar Worten Mut zu. Von allen Seiten bedrängten uns Fotografen, Presseleute stellten Fragen, Fans versuchten, uns zu berühren. Der unerfüllbare Wunsch, allein zu sein, mich zu konzentrieren, nachzudenken. In mir wuchs der Widerwille gegen das Gefühl, belagert zu werden. Am liebsten wäre ich jetzt allein gewesen.

Curro Romero gibt am Rande der Arena normalerweise keine Interviews, aber diesmal sprach er fürs Fernsehen. Es war wirklich etwas Besonderes, daß er das tat. Gonzalito, der Mann, der ihm immer beim Anziehen hilft, überraschte mich mit der Neuigkeit: »Er hat ein Interview gegeben, das war wegen dir.«

Dann kam der Einzug. Ich sah die beiden Meister und konnte es nicht fassen. Ich dachte, im nächsten Moment würde ich aufwachen und der Traum wäre vorbei.

Beim ersten Stier vollzogen wir die Zeremonie des Tausches der *trastos*. Ich gab Curro Romero die *capa*, und er gab mir meine *muleta*, während Manzanares, die Mütze auf dem Kopf, als Zeuge teilnahm. Curro Romero berührte mich sehr, als er nicht die altbekannten Pflichtsätze sprach, die ich erwartete: »Ich wünsche

144

dir viel Glück. Dies ist ein harter Beruf, doch hoffentlich ...«, sondern sich zu mir herabbeugte und die unvergeßlichen Worte sagte: »Der Stierkampf ist Zärtlichkeit, ist Streicheln, und weil ihr Frauen gut darin seid, wirst du sicher viel Glück haben!«

Curro erhielt für seinen ersten Stier ein Ohr, er tötete ihn auf seine meisterhafte Art und Weise. Ich war hingerissen von dieser Art zu kämpfen, so verschieden von allen anderen. Der *maestro* Manzanares hatte einen guten Stier, und auch er kämpfte sensationell. Ich sah den beiden von der Gasse an der Bande aus zu und genoß die Corrida, so als sei ich nichts weiter als eine Zuschauerin. Ich mußte mir regelrecht verkneifen zu klatschen. Es war der Tag meiner Einführung als Matador, und trotzdem fühlte ich mich, als ob ich auf den Rängen säße, anstatt in der Arena an der Bande zu stehen.

Ich kämpfte gegen den ersten und gegen den sechsten Stier, und für beide bekam ich ein Ohr. Die Corrida wurde von TVE in Spanien und Lateinamerika übertragen. Es war ein voller Erfolg. Manzanares und ich wurden auf Schultern aus der Arena getragen.

Silvia Camacho teilte mit mir die Augenblicke, nachdem ich auf Schultern aus der Arena getragen worden war. Sie lief ins Hotel hinüber, und wir kamen dort gemeinsam an. Gemeinsam gingen wir auch die Treppen nach oben und traten in mein Zimmer. Als erstes warf ich mich wie ein kleines Mädchen aufs Bett, noch in meiner Stierkämpfertracht. Sie umarmte mich, und wir waren beide ungeheuer gerührt. In diesem Augenblick kam ich mir wirklich wie ein kleines Mädchen vor, und ich glaube, ich habe mich auch so benommen. Meine Verwandlung beschränkt sich auf die Arena. Wenn ich die Stierkämpferhosen anziehe, wenn ich dem Stier gegenüberstehe, dann werde ich zu einer Frau mit einer ungeheuer starken Persönlichkeit. Und dann ziehe ich die Stierkämpfertracht aus und bin wieder eine ganz andere.

Dieser Tag war erschöpfend. Nachdem ich zwei, drei Stunden lang der Presse Rede und Antwort gestanden hatte, gingen wir essen. Ein Essen für die Familie und die Freunde, beinahe zweihundert Personen. Danach brachte uns die *cuadrilla* nach Barcelona, und Silvia und ich nahmen die Maschine nach Madrid. Meine Verwandlung beeindruckt Silvia immer, von einem Augenblick zum anderen werde ich von einer strahlenden Persönlichkeit des öffentlichen Lebens zu einer ganz normalen Privatperson. Wie wir da nebeneinander im Flugzeug saßen, waren wir zwei Freundinnen, zwei junge Frauen, die vom Einkaufsbummel in Barcelona nach Hause flogen, und dabei war ich gerade eben in einer der wichtigsten Arenen der Welt im Triumph zur Matadora gemacht worden.

Ich kehrte mit meinem Traum in den Händen nach Hause zurück, ohne zu vergessen, wie sehr ich dafür hatte kämpfen müssen, und daß ich weiterkämpfen mußte, wenn ich ihn nicht verlieren wollte.

146

Der Unfall meines Vaters

Meine Einführung als Matadora war vorüber. Es war Mai, und eigentlich waren alle Programme schon geschlossen, alle Corridas ausgebucht. Die große Frage stand im Raum: Wie viele Matadore wären bereit, im selben Programm mit einer Frau zu kämpfen? Welche Veranstalter würden noch einmal das Fach mit den Verträgen öffnen? Die Schwierigkeit war bald überwunden, denn mein Triumph in Nîmes gab Simón die Gelegenheit, für zahlreiche Corridas Verträge abzuschließen.

Eine der ersten war in Dax, Frankreich. Mein Vater reiste als Banderillero mit mir. Dort wurde er von einem Stier erwischt und kräftig durch die Luft gewirbelt. Der Stier erwischte ihn sehr häßlich, stieß ihm das Horn unter den Gürtel und dann in die Achselhöhle. Ich stand beim Degenknecht an der Bande, während mein Vater den Stier mit der *capa* annahm, und Pepe sollte die *banderillas* setzen. Die Stiere stammten aus der Zucht von Montalvo. Dieses war der dritte Stier an diesem Nachmittag und der erste, mit dem ich kämpfen sollte. Der Stier stand zwischen der Bande und der ersten Linie der Picadores. Mein Vater versuchte, ihn so zu stellen, daß Pepe ihm das erste Paar *banderillas* setzen konnte. Der Stier sah zur Mitte der Arena hin, und mein Vater versuchte ein Manöver mit der *capa*, um ihn von seinem Platz wegzubringen. In diesem Augenblick erwischte ihn der Stier mit dem Horn und schleifte ihn, aufs Horn gespießt, von einer Seite der Arena auf die andere. Mein Vater konnte sich nicht lösen, denn der Gurt sitzt sehr eng, und der Stier schüttelte ihn hin und her. Ich sah meinen Vater am Horn baumeln, wußte jedoch nicht, ob das Horn ihn durchbohrt hatte oder nicht. Mich überfiel Panik. Ohne *capa* oder sonst etwas lief ich in die Arena hinaus, um das Tier abzulenken. Der Stier löste sich endlich von meinem Vater und ließ ihn im Sand der Arena liegen. Sein Gesicht war voller Blut, der Stier hatte ihn mitten im Gesicht erwischt. Es nimmt mich immer ordentlich mit, wenn es jemanden aus meiner *cuadrilla* trifft, aber hier ging es um meinen Vater. Man trug ihn hinaus, und meine Pflicht war es, die *muleta* zu nehmen und den Kampf zu beenden. Ich mußte kämpfen, während mein Vater auf der Krankenstation der Arena lag und ich nicht wußte, wie schlimm es um ihn bestellt war. Ich kann nicht mehr sagen, wie ich es schaffte. Vielleicht beweist das, wie wahr es ist, daß man alles vergißt, wenn man vor einem Stier steht. Ich tötete den Stier, der meinen Vater verletzt hatte, bevor ich erfuhr, daß es zum Glück schlimmer ausgesehen hatte als es war. Ich ging zur Krankenstation, beruhigte mich, als ich sah, daß er außer Gefahr war, und ging wieder hinaus, um den sechsten Stier des Nachmittags zu töten.

Die Verletzung meines Vaters brachte mich zum Nachdenken. Es dauerte nicht lange, da sagte ich ihm, daß es so nicht weiterginge. Die Tatsachen überzeugen den Hartnäckigsten, und mein Vater gelangte selbst zu der Überzeugung, daß er nicht in der Arena stehen, aufs Land fahren und noch eine Menge Sachen mehr machen konnte, alles zur gleichen Zeit. Nicht in seinem Alter. Es brauchte seine Zeit, doch schließlich sah er ein, daß die Fähigkeiten eines Stierkämpfers nicht dieselben sind, wenn die Erschöpfung ihre Zeichen hinterläßt.

In Dax sagte ich ihm, daß es mir viel lieber wäre, wenn er eine Arbeit täte, die ihn nicht dazu zwänge, in der Arena zu stehen. Das konnte auch ein anderer Banderillero machen. Und ich hätte nicht mehr mit dem Problem zu kämpfen, daß ich mir auch noch Sorgen um ihn machen müßte, wenn ich ihn so müde in seiner Stierkämpfertracht sah und wußte, daß er vor dem Kampf tausenderlei andere Dinge erledigt hatte. Es tat mir weh zu wissen, daß er hin und her gerast war, bevor er in die Arena kam. Wenn ihm wirklich etwas Schlimmes passiert wäre, dann hätte ich mir die Schuld daran gegeben, es nicht vorausgesehen zu haben.

Der Charakter eines Toreros beruht auf der Kraft seiner Leiden-

148

schaft. Mein Vater war ein leidenschaftlicher Stierkämpfer, er weigerte sich zunächst hartnäckig, mit dem Stierkampf aufzuhören. Ich schlug ihm vor, mein Begutachter zu werden. Man braucht einen Vertrauensmann, der sich die Stiere anschaut und sie überwacht, bevor sie in die Arena kommen. Ich versuchte, ihn davon zu überzeugen, daß ich ihn nicht weniger brauchte, sondern der Meinung war, daß an diesem Punkt, den wir inzwischen erreicht hatten, seine Arbeit auf dem Lande viel wichtiger war. Ihm gefiel die Idee überhaupt nicht.

Das Schicksal half wieder einmal nach und sorgte dafür, daß ich einen neuen Degenknecht brauchte. Es ist nie leicht, einen Ersatz zu finden, jemanden absolut vertrauenswürdigen. Und so beschlossen wir, daß mein Vater der beste Kandidat war, da er auf diese Weise immer an meiner Seite sein konnte, auch ohne selbst zu kämpfen. Er nahm an, und seither reist er mit mir als mein Degenknecht.

Ein geliehener Bräutigam

Es gibt Leute, deren Mundwerk allzu locker sitzt, und die die Frauen immer noch am liebsten an den Herd schicken wollen. Aber zum Glück gibt es auch großzügige Menschen, solche, die fähig sind, die bösen Zungen gar nicht zu beachten. Die einen unterstützen, ohne auf das Gerede der anderen zu achten. Ein solcher ist Manolo, »El Cordobés«. Er war der erste, der mir seine Freundschaft anbot: »Mir macht das alles nichts, wenn du etwas brauchst, ich lege dir keine Steine in den Weg.«

Er kämpfte mit mir im selben Programm. Das »Sommerprogramm« wurde das genannt, ein *mano a mano*. Ein Programm für zwei an Stelle von drei Toreros, das in verschiedenen Arenen wiederholt wurde, die alle voll wurden. Ein Publikumsmagnet, der die Presse und das Fernsehen anzog, welche das Schauspiel übertrugen.Und das Gerede ging los. Zwei junge Toreros, die gemeinsam kämpften, gemeinsam reisten. Nie sagten wir, daß wir ein Paar wären. Dennoch waren sogar in der Arena noch die Kommentare zu hören: »Ihr seid aber ein schönes Paar.« Die Unklarheit weckt mehr Neugier als die Gewißheit. Ihn fragte man nach mir und mich nach ihm. »Ja, sag mal, wo hast du denn deinen Manolo gelassen?« Und das alles trug dazu bei, daß sich das Programm noch besser verkaufte. Dem Publikum gefällt die Illusion mehr als die Wirklichkeit. Und das Publikum ist außerdem begeistert von Manolo, so daß die Ränge vor Begeisterung brodeln, wenn er kämpft. Sie kochen geradezu über.

Ich lernte ihn in Quito kennen, als ich noch Jungstierkämpferin war. Man hatte uns zwar schon vorher einmal vorgestellt, doch hatte mich meine Schüchternheit davon abgehalten, mehr als

150

einen Gruß mit ihm zu wechseln. Deshalb kann ich sagen, daß ich ihn in Quito kennenlernte. Ich traf ihn am Hotelausgang, als ich gerade mit einer Freundin für einen Spaziergang hinaustrat. Er sprach uns an: »Aber, aber, zwei junge Frauen allein, das geht doch nicht, da komme ich besser mit.«

Er war sympathisch, respektvoll und ein guter Unterhalter, wir verstanden uns auf Anhieb. Er erklärte mir: »Ich bin ziemlich umstritten, es gibt die, die für mich, und die, die gegen mich sind. Aber man muß immer seiner eigenen Linie folgen, man muß immer man selbst sein. An sich arbeiten, sich verbessern und vorwärtskommen. Schließlich kannst du unmöglich auf alles hören, was man dir sagt, auf alle, die dir gute Ratschläge geben wollen. Und du als Frau bist auch ein umstrittener Torero, da kann dir viel passieren. Sicher hat man dir auch schon eine Reihe von Fallen gestellt, so wie mir, und dabei bin ich ein Mann. Ich kann mir vorstellen, daß es dir mindestens ebenso gegangen ist, wenn nicht noch schlimmer.«

Damals war er schon Matador und ich noch Jungstierkämpferin, es wurde schon davon gesprochen, daß ich bald als Matador eingeführt werden sollte. Er war der erste, der sich mir anbot: »Mit Vergnügen bin ich bei deiner Einführung dabei. Du kannst völlig über mich verfügen.« Und er fügte hinzu, ich solle mir nicht allzu viele Sorgen um die Reaktionen machen und um den Wirbel, der entstehen würde. Ich müsse mir im klaren darüber sein, daß das immer so wäre, und solle mich nicht von den Bemerkungen beeinflussen lassen. Ihm sei es genauso gegangen. Er war eine große Hilfe für mich. Die wichtigsten Worte kommen von den Menschen, die man bewundert, und ich bewunderte ihn.

Man kritisierte jetzt nicht mehr nur den Umstand, daß ich als Frau Torero war, sondern auch die Tatsache, daß ich mit einem berühmten Matador auftrat, der einen so anderen Stil besaß als ich. Unsere Art zu kämpfen war beinahe genau entgegengesetzt, aber er hatte seinen Stier und ich den meinen. Ich begann ja nicht plötzlich, so zu kämpfen wie er und wurde so meinem eigenen Stil untreu. Jeder von uns kam auf seine eigene Weise sehr gut beim

Publikum an, wir zogen die Aufmerksamkeit auf uns und füllten die Arenen.

Den bösen Zungen schenkt man am besten gar kein Gehör, denn es wird sie immer geben. Wenn ich auf sie gehört hätte, dann wäre aus mir nichts geworden in diesem Beruf. Und aus Manolo genausowenig. Ein Prahlhans, so nennen sie ihn respektlos. Unterstellen ihm, er nutzte die Angst des Publikums aus, indem er die Gefahr herausfordere. Wenn er sich ihr ohne Not, aber auch genau berechnet aussetzt, dann führt er das Publikum hinters Licht, und den Stier natürlich auch.

Es kommt oft genug vor, daß der Zuschauer sich dessen nicht bewußt ist, was wir in der Sprache des Stierkampfs die »stumme Gefahr« nennen, die nur die wirklichen Aficionados – und davon gibt es sehr wenige – und diejenigen wahrnehmen, die beruflich mit dem Stierkampf zu tun haben. Die Gefahr, die vom Tier ausgeht, das in jedem Augenblick verletzen kann, was der Torero weiß, das Publikum jedoch nicht. Die stumme Gefahr, wenn der Torero weiß, daß der Stier ihn erwischen wird und sich ihm dennoch entgegenstellt, dennoch das Risiko eingeht, weil er in einer wichtigen Arena kämpft, weil er Torero ist und sich dem Risiko stellen muß.

Das Gefühl der Gefahr ist für den Torero immer gegenwärtig. Aber gleichwohl gibt es die Möglichkeit, den Eindruck der Gefahr etwas zu steigern. Am Stier gibt es nur wenig, was nicht ganz authentisch ist. Der Stier ist ein Tier, und man kann, wenn man vor ihm steht, niemals sicher sein. In der Arena läßt es sich nicht betrügen, auch wenn man die Wahrheit verändern kann. Wenn der Torero weiß, daß der Stier müde ist, daß er nicht losgaloppieren wird, und dann vor dem Stier auf die Knie geht, sieht das Publikum ihn knien und denkt, der Stier würde ihn gleich erwischen. Doch der Torero weiß genau, daß das nicht stimmt und vermittelt dem Publikum nur diese Angst, die auf gewisse Weise eine Lüge ist. Der Torero macht sein waghalsiges Manöver genau in dem Augenblick, in dem der Stier es zuläßt. Doch der Stier ist da und kann – theoretisch – in jedem Moment losgaloppieren.

152

Der Torero dringt in das ein, was wir die »Risikozone« nennen, das Terrain des Stiers, aber das Publikum nimmt diese Gefahr nicht immer wahr. Daher sucht der Matador das Risiko, damit die Zuschauer merken, was dort unten in der Arena geschieht. Mit einer ganz kleinen Lüge kann man so auf die unbemerkte große Wahrheit aufmerksam machen.

Für jeden Künstler ist das Publikum außerordentlich wichtig, denn jede Kunst ist eine Form der Kommunikation. Wenn der Stier gut ist und der Torero den Kampf genießt, dann genießt auch das Publikum den Kampf, und der Funke springt über. Wenn jedoch der Stier schlecht ist, dann muß der Torero das zum Vorschein bringen, dann muß er die Mittel einsetzen, die das sichtbar machen und ihn rechtfertigen. Nur so kann er zeigen, daß er dem Stier mit all seinen Fehlern und Schwächen überlegen ist.

Das Publikum ist Teil des Schauspiels, und Manolo sucht das Spektakuläre, wenn er spürt, daß der Zuschauer das von ihm verlangt. Man sollte sich bewußt sein, daß man auch den zufriedenstellen muß, der dafür bezahlt hat, eine Vorstellung zu sehen, der aber vielleicht nicht immer in der Lage ist, einen guten Stierkampf zu erkennen, der jedoch für den Zauber eines *molinete*-Manövers zu begeistern ist, aufspringt und den Torero mit seinem Applaus unterstützt. Ich weiß genau, wenn ich den Degen und die *muleta* fortwerfe und den Stier mit bloßen Händen und ungeschützter Brust herausfordere, als wolle ich ihm sagen: »Wer hier das Sagen hat, das bin ich«, dann ist das ein Teil des Schauspiels, der auch zum Stierkampf gehört. Das Publikum läßt sich von so etwas mitreißen, aber ich selbst auch. Manchmal, wenn ich gut gekämpft habe, dann spüre ich das Bedürfnis, mich vor den Stier zu stellen und ihm zu zeigen, daß ich ihn in diesem Augenblick in meiner Gewalt habe, daß ich es bin, die ihn beherrscht. Dabei merke ich nicht einmal richtig, daß ich die *muleta* spontan weggeworfen habe: »Mach mit mir, was du willst, wenn du kannst«, möchte ich dann sagen, und ich berausche mich am Stierkampf. Dieser Rausch, von dem schon die beiden großen Toreros Juan Belmonte und José el Gallo sprachen, dieser leichte Schwindel,

153

diese Verzauberung. Auch wenn mir selbst der reine, künstlerische Stierkampf besser gefällt, würde ich dem auf Effekte angelegten, aufs Extreme ausgerichteten Mutstierkampf doch nie seine Berechtigung absprechen.

Der Stierkampf ist Wahrheit, oder er ist kein Stierkampf. Er ist kein Spiel, denn man kann nicht mit einem Stier spielen. An einem Stier gibt es nichts Falsches. Der Stierkampf ist ein sehr ernster Beruf, der die volle Hingabe verlangt, und in der Arena kann man niemanden hinters Licht führen, das geht nicht, allein schon aus beruflicher Ethik.

Manolo ist fähig, die Gefahr zu erkennen, und er riskiert etwas, wenn er kann. Er ist als Torero zu einer Berühmtheit geworden, ist in der Welt des Stierkampfs nach ganz oben gekommen, wo einem nichts geschenkt wird, viel weniger noch, wenn man seine Sache nicht gut macht. Es ist nicht leicht, in diesem Beruf reich zu werden, ganz und gar nicht. Manolo hat seine Existenz aus dem Nichts aufbauen müssen, denn er stammt aus einfachen Verhältnissen. Zu der Zeit, als er von zu Hause fortging, reichte es bei ihm nicht einmal für die Zigaretten. Manche meinen, er habe sein Glück gemacht, als Manuel Benítez ihn an Sohnes Statt annahm. Das war jedoch nicht so, denn er mußte weiterhin sein Geld einteilen, und er mußte weiterhin alleine seinen Weg suchen. Bis er seinen jetzigen Manager fand, vagabundierte er umher, wohnte in Pensionen, lebte mehr schlecht als recht ohne ein richtiges Zuhause. Er hat seinen Kampf allein gekämpft, so wie ich auch, und darin ähneln wir uns wirklich, denn auch ich habe immer dafür gekämpft, anerkannt und geachtet zu werden. Heute ist er eine Persönlichkeit, geachteter als viele andere Stierkämpfer, mich selbst eingeschlossen.

Seine bedingungslose Unterstützung öffnete mir den Weg, auch gemeinsam mit anderen berühmten Toreros zu kämpfen und an die Spitze, zur Elite vorzudringen. Wenn ich das nicht schaffte, dann käme der Moment, wo ich keine Engagements mehr finden und auf der Stelle treten würde. Ich trat in den Kreis ein, und die Türen verschlossen sich nicht vor mir. Ich kämpfte an der Seite von

154

Ponce, Finito de Córdoba, Emilio Muñoz, und von da an verflogen die Vorbehalte, die man mir am Anfang noch entgegengebracht hatte. Der Erfolg dieser Saison überzeugte mehr als einen Skeptiker, wenn auch nicht alle, und nach und nach begriffen sie, daß sie nichts verlieren würden, wenn sie im gleichen Programm mit einer Frau kämpften. Der, der einmal gemeinsam mit mir in der Arena gestanden hat, macht sich nichts daraus, es wieder zu tun, weil er gemerkt hat, daß ich ein Torero bin wie alle anderen auch; sie haben gemerkt, daß ich ihnen nichts von ihrem Erfolg und vom Applaus wegnehme. Wenn sie vor dem Stier stehen, dann sind sie es, auf die die Zuschauer achten und nicht auf mich. Allerdings sind manche schwer zu überzeugen, und andere werde ich wohl nie überzeugen können.

In geschlossener Gesellschaft

Die Saison von 1996 veränderte mein Leben. Mit den vielen Corridas, bei denen ich während dieser Saison kämpfte, kam die Achtung der Kollegen. Jetzt war ich nicht mehr das kleine Mädchen, das nur spielte, ich war »Matadora de toros« geworden. Allerdings schwebte das Damoklesschwert immer noch über meinem Kopf. Die Erwartungen waren groß. Man wollte sehen, wie es mit mir weiterging, ob ich in Madrid kämpfen konnte, ob man mich dort bestätigen würde, ob man mich in Bilbao kämpfen lassen würde. Seit meiner *alternativa* war die Haltung der anderen Matadore mir gegenüber respektvoll. Ich spürte ihre Anerkennung, und heute bin ich eine von ihnen, sie behandeln mich anders als zuvor. In Spanien reden wir wenig miteinander, wir sehen uns in der Arena nur einen Augenblick, dann geht wieder jeder seiner Wege. In Amerika, weit fort von zu Hause, gehen wir geschwisterlicher miteinander um, in dem Bewußtsein, daß wir alle Spanier sind, daß wir alle Toreros sind. Wir wohnen in den gleichen Hotels, ich rede mit ihnen über Stiere, und sie sprechen mit mir wie mit irgendeinem anderen Torero.

Die spanische Saison ging zu Ende, ich tötete bei einer Corrida allein sechs Stiere. Eigentlich sollten »El Cordobés« und ich gemeinsam in Almería bei einem *mano a mano* kämpfen, und Tele 5 würde den Stierkampf übertragen. Manolo hatte eine Knieverletzung, und es wurde beschlossen, daß ich, wenn ich einverstanden wäre, alle sechs Stiere töten sollte. Es war eine sehr rasche Entscheidung. Um zwölf Uhr mittags schlug man es mir vor, und die Corrida war bereits am Nachmittag. Man rief mich auf meinem Zimmer an und sagte: »Sieh mal, Cristina, es gibt da ein Problem: Manolo kann nicht teilnehmen. Wir suchen schon nach anderen

Matadoren. Das Programm muß attraktiv sein, weil es vom Fernsehen gebracht wird. Allerdings kommen wir nicht auf einen Nenner, die Leute vom Fernsehen wollen diesen, wir wollen jenen.«

Und irgendwann hatte wohl jemand vorgeschlagen, daß ich einfach alle sechs Stiere töten sollte, und alle waren ganz begeistert: »Hervorragend, alle sechs für Cristina.« Simón und mein Vater besprachen es mit mir und fragten mich, ob ich mich kräftig genug dazu fühlte. Ich wußte es nicht, denn ich hatte es ja noch nie versucht. Trotzdem sagte ich ja. Ich tötete die sechs Stiere von Almería. Obwohl die Stiere nicht sehr gut waren, erhielt ich zwei Ohren und wurde auf Schultern aus der Arena getragen.

Am nächsten Tag kämpfte ich bei einem *mano a mano* mit Pepín Liria, jeder von uns tötete drei Stiere. Neun Stiere in weniger als vierundzwanzig Stunden – so endete diese Saison.

Es waren noch vierzehn Tage Zeit bis zum Beginn der amerikanischen Saison. Vierzehn Tage ohne zu kämpfen. Zeit genug, um mir endlich eine Wohnung zu suchen. Meine erste eigene Wohnung.

»La México«

Früher oder später kommt wohl bei jedem der Drang nach Unabhängigkeit. Bei mir kam er vielleicht ein bißchen spät, aber er kam. Und als er kam, kam er schnell und plötzlich.

Ich mußte alleine sein. Meine eigenen Entscheidungen treffen. Mich meinen eigenen Problemen stellen und selbst nach Lösungen suchen. Mich von dem Bedürfnis nach der dauernden Unterstützung meines Vaters lösen. Meinen Weg gehen, ohne seinen schützenden Arm um mich herum zu wissen. Eine Unterhaltung führen können, ohne daß er immer als erster redete. Ich hatte Angst, etwas Falsches zu sagen, und überließ es lieber ihm zu reden. Wenn er sich irrte, war das nicht so schlimm, wie wenn ich es tat, so dachte ich wenigstens. Die Angst vor dem Alleinsein überwinden. Die Angst davor, Fehler zu machen. Ich mußte endlich anfangen, meine eigenen Fehler zu machen und aus ihnen zu lernen.

Zu viel der Fürsorge bringt den Umsorgten dazu, auf einen Teil seiner selbst zu verzichten, begrenzt seine Entscheidungskraft, indem andere die Verantwortung für ihn übernehmen.

In meinem Beruf als Stierkämpferin hatte ich gelernt, daß Angst nichts anderes ist als Unsicherheit. Wenn man im Stierkampf eine Situation unter Kontrolle hat, hat man auch keine Angst. Ich mußte lernen, auch auf häuslichem Terrain diese Erfahrung umzusetzen.

Ich stellte mir vor, vom Stierkampf zurückzukehren, alleine zu sein, fernzusehen oder allein wegzugehen. Ohne Erklärungen abgeben zu müssen. Ich fühlte mich wohl bei meinen Eltern, doch mußte ich auf zu viele Fragen antworten: »Wohin gehst du? Woher kommst du? Mit wem bist du zusammengewesen?« Es störten mich nicht die Fragen an sich, sondern vielmehr die Gewohnheit des Fragens überhaupt. Es gibt ein Alter, da findet man es ärgerlich, allzu viele Erklärungen abgeben zu müssen. Ich wurde ungeduldig. Wollte endlich unabhängig sein, eine Wohnung oder ein Haus kaufen. Umziehen, bevor ich nach Amerika mußte.

Ich suchte zunächst in Parla, in der Nähe meiner Familie, denn ich wollte auch nicht allzuweit fortziehen. Dort fand ich eine Wohnung, die mir gefiel, sie war groß, geräumig und hell, doch wollte der Besitzer sie nur vermieten. Ich halte das Mieten von Wohnungen für hinausgeworfenes Geld, daher sagte ich ab. Nachdem ich jedoch diese Wohnung gesehen hatte, fand ich keine andere mehr, die mir gefiel. Ich verglich sie alle mit der ersten, und sie schnitten alle schlechter ab.

Durch Antonio Yunta, ein Freund, der mir in den Anfangsjahren sehr half, fand ich schließlich mein Haus. Als ich meine schwierige Zeit zu durchstehen hatte und mir niemand zur Seite stehen wollte, war es Antonio gewesen, der mich, zusammen mit meinem Vater, unterstützte. In Parla organisierte er einen Jungstierkampf für mich, und wenn er dabei nichts verdiente oder sogar draufzahlen mußte, so hat er es getan. Vor meinem Stierkampf in Zaragoza kaufte er ein paar Stiere, damit ich mit ihnen auf dem Land kämpfen konnte, zur Vorbereitung. Er verhielt sich mir gegenüber wirklich tadellos, er und seine Leute.

Antonio ist im Baugeschäft. Er zeigte mir ein Grundstück mit einem sehr großen Haus darauf. Ich war sofort hellauf begeistert. Es gefiel mir viel besser als eine Wohnung. Ein ganzes Haus mit einem Grundstück, groß genug, um eine eigene kleine Arena zum Trainieren darauf zu bauen. Er zeigte mir ein zweites Haus, das kleiner, aber genauso gebaut war, auf einem genauso großen Grundstück. Das große Haus war verkauft, und das kleine war mir einfach zu klein. Ich weiß nicht, wie er es anstellte, jedenfalls besuchte er mich eines Tages beim Stierkampf. Anschließend sprachen wir miteinander.

»Das Haus gehört dir«, sagte er.

»Das, das mir so gut gefiel? Das große?«

»Ja doch, ja, das habe ich schon geregelt.«

Das Haus war eigentlich für ein Paar bestimmt, das heiraten wollte, es waren Freunde von Antonio. Sie hatten beschlossen, erst später eins zu kaufen, weil sie noch nicht genügend Geld beisammen hatten.

»Du nimmst einfach dieses, und ich baue den beiden ein neues, auf dem Grundstück gegenüber, das gehört mir nämlich auch.«

Das Grundstück, von dem er sprach, bot den Blick auf ein Wäldchen, das, das ich haben sollte, lag zu einem Industriegebiet hin. Mein Vater und meine Mutter berieten mich: »Sei nicht dumm, nimm das unbebaute Grundstück, das auf das Kiefernwäldchen hinausgeht, nicht auf das Industrieviertel. Da kannst du dir dein Haus bauen wie du es willst, du hast es ja nicht eilig.«

Ich hatte es sehr wohl eilig wegzukommen, jetzt, wo ich es einmal beschlossen hatte. Aber ich überlegte es mir, und Antonio überzeugte mich.

»Keine Sorge, in drei Monaten baue ich dir dort dein Haus.«

Wenn ich aus Amerika zurückkommen würde, wäre das Haus fertig. Ich müßte nur die Möbel kaufen und einziehen. Ich kaufte das Grundstück. In der Calle del Reloj, mit Blick auf das Kiefernwäldchen. Hier wollte ich mein Haus bauen, und es sollte »La México« heißen.

August. Ferienzeit. Papierkrieg. Termine. Ich kam keinen Augenblick zur Ruhe. Banken. Steuererklärung. Die Innendekoration des Hauses bestimmen. Ich wollte ein Haus nach meinem Geschmack, mit einer großen, sonnigen Küche und mehreren Wohnebenen, um die typische Anordnung eines Stockwerks über dem anderen zu durchbrechen. Ein Kamin im Wohnzimmer. Ich mußte die Parkettböden aussuchen, die Kacheln der Bäder, die Farbe der Wände.

Immer wieder sah ich mir Tausende von Bauplänen an: »Ja, so soll es werden.« Antonio hat zwei Söhne, die mit ihm arbeiteten. Einer von ihnen heißt auch Antonio, mit ihm kämpfte ich mich durch die Pläne hindurch, und er war bemüht, mir alles zu erklären. Wir sahen uns alle möglichen Häuser an, denn ich wußte

wohl, was ich wollte, konnte es aber oft genug nicht genau erklären. Wir änderten die Pläne andauernd.

So ging das vierzehn Tage lang. Dann konnte ich beruhigt nach
Amerika aufbrechen. Dort wartete die Arena »La México« auf
mich, wo ich kämpfen sollte, während in Spanien »La México«
gebaut wurde, um mein Heim zu werden.

Saison in Amerika

Den Traum in die Erinnerung zurückholen. Ihn berühren. Fühlen, wie er wahr wird und sich gleichzeitig auflöst. Städte, in denen ich die Lust am Stierkampf spürte, andere, die mir eher schmerzlich in Erinnerung geblieben sind. Lust und Schmerz mischen sich mir im Traum, in der Erinnerung.

Guayaquil in Ecuador hat eine herrliche Arena. Es war die erste Arena der Welt, die Suiten besitzt. Um die Gasse zwischen Arena und Tribüne herum gibt es kleine Apartments mit Küche. Von jeder Suite aus führen Stufen auf die Tribüne, und man kann von drinnen und von draußen in die Arena sehen. Auf jedem Platz kann man die Corrida phantastisch verfolgen. Ich weihte diese Arena ein.

In Caracas, Venezuela, es war die erste Corrida der Saison, teilte ich das Programm mit Ortega Cano und Luis Miguel Domínguez, einem kolumbianischen Torero. Wegen Regen mußte die Corrida abgesagt werden. In Valencia, auch mit Ortega Cano und einem venezolanischen Torero, Leonardo Colorado, überreichte man mir bei meinem zweiten Stier zwei Ohren und trug mich auf Schultern hinaus.

In Quito, Ecuador, kämpfte ich an zwei Nachmittagen. Bei der ersten Corrida erhielt ich ein Ohr, bei der zweiten gelang es mir nicht, den Stier sauber zu töten.

Alle Toreros stechen irgendwann einmal beim Töten daneben. Sie töten mal schlecht, dann wieder gut, dann wieder schlecht, das sind die Höhen und Tiefen des Künstlerlebens. Meine Situation ist anders, denn ich muß jedesmal beweisen, wie gut ich bin. Deshalb geht es mir besonders ans Herz, wenn der Augenblick des Tötens kommt und ich nicht gut steche.

162

Das Töten ist der wichtigste Moment eines Stierkampfs, es ist die Hauptaufgabe eines Matadors. Schon der Name weist darauf hin. Wenn der Torero gut gekämpft hat, aber den Stier nicht zu töten vermag, dann ist alles verloren. Wenn er jedoch gut mit dem Degen zusticht, dann bekommt er, auch wenn seine Vorstellung im Kampf mittelmäßig gewesen ist, wenigstens ein Ohr zugestanden.

Am letzten Nachmittag in Quito kämpfte ich sehr gut gegen einen der Stiere. Es war ein ernsthafter Stier mit dünnen Hörnern, der Stier einer wichtigen Feria. Ich kämpfte sehr gut, doch beim Töten stach ich zweimal daneben. Ich ging dennoch zufrieden aus der Arena, nicht ganz so zufrieden wie ich hätte sein können, denn ich hätte sicher die beiden Ohren bekommen, wenn es mit dem Degen besser gelaufen wäre. Bei anderen Gelegenheiten erhalte ich beide Ohren und weiß, daß ich sie eigentlich nicht verdient habe, daß mir ein bestimmter Teil des Publikums mit seiner Begeisterung zu diesem Sieg verholfen hat. Doch ich empfinde nicht, daß er mir auch wirklich zusteht.

Quito bedeutete für mich den Beginn des echten Stierkampfes in Amerika. Es war die erste wichtige Feria, bei der ich kämpfte. Alle Spanier wohnten im gleichen Hotel. Alle Kollegen zollten mir Respekt, ich gewann nach und nach ihre Achtung. Die Dinge hatten sich geändert. Sie sprachen anders mit mir, redeten mit mir von Matador zu Matador. Zum ersten Mal erkannten sie den Wert dessen an, was ich tat. In Cali und in Quito hatte ich sehr ernstzunehmende Stiere getötet. »Der, den du da getötet hast, das war ja schon ein ausgewachsener Mann.« Sie alle wissen, was es heißt, vor so einem Stier zu stehen.

Die Person des Matadors gebietet Respekt. Und dieser Respekt, diese Hochachtung ist notwendig, denn sie ist ein Teil des Zaubers des Stierkampfs, der Ausstrahlung und des Flairs, das den Matador umgibt. Es ist die Anerkennung dafür, daß er fähig ist, etwas zu tun, was nicht jedermann tun kann. Dieser Respekt weist dem Matador seinen Platz zu, und ich eroberte den meinen, als sie mich bei dieser Feria sahen. Als sie sahen, wie ich kämpfte, und daß ich mich benahm wie alle anderen, haben viele von ihnen ihre Vorurteile revidieren müssen.

Cali und Quito waren die Städte, wo praktisch alle bekannten spanischen Toreros kämpfen, wo die gesamte Fachpresse erscheint, und ich war sehr zufrieden. Die Stiere, die mir zufielen, waren bedeutende Tiere, ich kämpfte mit größeren Stieren als in Spanien. Ich freute mich, daß ich auf diese Weise viele böse Zungen zum Schweigen bringen konnte, die sich vorher gefragt hatten, wie ich wohl diese Stiere würde töten können.

Man nahm mich wieder unter die Lupe, erwartete, daß ich aufgeben würde, und mußte mit ansehen, wie ich immer mehr Erfolg hatte. Die Kommentare in der Presse waren sehr gut. Ich zeigte es ihnen allen. Ich wurde nicht bevorzugt, bekam nicht die besten Stiere und auch nicht die kleinsten. Denn bei der Feria gab es eine Menge kleinere Stiere als die meinen.

Wenn ich gegen kleine Stiere kämpfe, werde ich kritisiert, weil man mich angeblich vorsichtiger behandelt als die anderen Toreros. Wenn ich große Stiere habe, heißt es, daß die, die mich betreuen, verrückt geworden sind, und daß sie mich besser schützen müßten. Es geht einfach darum, mich anzugreifen, egal wie. Entweder man bevorzugt mich, oder behauptet, ich sei verrückt geworden.

Es ist bekannt, daß die berühmten Stierkämpfer normalerweise versuchen, die Sache mit den Stieren etwas unter Kontrolle zu halten. Und das ist auch richtig so. Falsches Heldentum hat nichts mit der Ethik des Stierkampfs zu tun. Der Stier muß vor allem gut kämpfen, und dabei ist es nicht nötig, riesige Kolosse in die Arena zu schicken, die außerdem gar nicht gut angreifen. Ein Stier, dessen Gewicht und Hornlänge über ein gewisses Maß hinausgehen, trägt nicht die Charakteristika des Kampfstiers. In letzter Zeit sind die großen Stiere immer mehr in Mode gekommen; je größer und je länger die Hörner, um so besser. Dabei weiß man, daß das eigentlich nicht besser ist, sondern in Wahrheit sogar viel schlechter.

Bei einem Kampfstier dürfen die Hörner weder besonders nach oben noch nach unten gebogen sein. Dem Torero gefällt es am besten, wenn die Hörner gerade sind und sich parallel gegenüberstehen. Ein nicht zu großer Stier mit kurzen Beinen, stämmig und mit einem kräftigen Hals. Das ist der Stier, den der Torero sich wünscht.

Die berühmten Toreros, die etwas zu sagen haben, versuchen Stiere zu bekommen, die gut beim Publikum ankommen. Stiere, die angreifen, die Rhythmus haben, mit denen angenehm zu kämpfen ist. Es ist bekannt, daß die, die ganz nach oben gelangen, auch die Möglichkeit haben, sich ihre Stiere auszuwählen.

Nicht so bekannt ist, daß ich mir meine Stiere nicht aussuche. Ein mir bekannter Journalist rief mich am Tage meiner Corrida in Cali an und meinte, er fühle sich wie ein betrogener Ehemann, weil er bei der letzten Saison in Spanien Dinge gesehen habe, die ihm nicht gefielen. »Du weißt, daß ich immer auf dich gesetzt habe«, sagte er, »und du weißt, daß es Leute gibt, die gegen dich sind, und daß ich dich immer verteidigt habe.«

»Schon gut, aber ich verstehe nicht, weshalb du mir das sagst«, antwortete ich ihm. »Ich habe niemanden betrogen. Ich habe in meinem ersten Jahr als eingeführte Matadora achtundsechzig Corridas gekämpft, und das ist nicht gerade leicht. Es ist leicht, das zu sagen oder zu schreiben, aber eine nach der anderen zu kämpfen ist überhaupt nicht leicht.«

»Na gut, das wirst du uns dann ja heute nachmittag beweisen, bei diesen großen Stieren ...«

»Das ist jedenfalls meine Absicht.«

Ich schnitt ihm das Wort ab, um ihm nicht sagen zu müssen, daß er mich beleidigte mit dem, was er sagte. Ich verlange nicht, daß man mir mehr Lob angedeihen läßt als anderen, aber man sollte mich auch nicht um das bringen, was mir zusteht.

Die eindrucksvollen Stiere der Corrida dieses Nachmittags, groß, mit sehr langen, dünnen Hörnern und sehr kräftig, bewiesen all das, was meine Worte nicht zu beweisen vermochten. Am nächsten Tag versuchte er, alles wiedergutzumachen, und in seinem »Enhorabuena!« klang ein ganz anderer Ton mit als in der Unterhaltung vom Tage zuvor.

165

Der Tod aus der Nähe

Cali. Die letzte Corrida, die ich dort kämpfte. Es regnete ununterbrochen, der Kampf begann bei Regen und hörte bei Regen auf. Die Arena war ein einziges Schlammloch. Es geschah beim vorletzten Stier, dem fünften der Corrida. Javier Vásquez kämpfte, und Carlos Borrals war sein Picador. Der Stier warf das Pferd um, er erwischte es von vorn und hob es in die Luft. Es fiel auf den Picador, und der Sattelhöcker drückte die Brust von Carlos ein.

Niemand dachte daran, daß es eine schwere Verletzung sein könnte. Wenn es eine Hornwunde gewesen wäre, dann hätten wir um ihn gefürchtet, aber so vermuteten wir, er habe sich ein Bein gebrochen oder einen Arm. Die Corrida ging ganz normal weiter. Ich stand mit dem letzten Stier in der Arena.

Pedro Roig, mein Picador, ritt hinein. Als guter Reiter hielt er sich ruhig im Sattel. Den Stier richtig stellen, ihn genau von vorn angehen, ihm die Brust bieten, die Lanze fest in der Hand.

Nach und nach trafen die Nachrichten ein. Sehr schwer verletzt. Man hatte Carlos operiert, und man würde ihn noch einmal operieren müssen. Wir dachten jedoch dabei niemals an den Tod. Man würde ihn eben noch einmal operieren, und dann würde er sich schon wieder erholen.

Pedro Roig senkte die Lanze; er stieß sie in den Nacken des Stiers, das Pferd begann, gegen die Bande zurückzuweichen, der Stier gewann das Duell. Auch Pedro stürzte. Es war der gleiche Sturz wie der von Carlos, doch hatte er mehr Glück. Er saß wieder auf und es ging weiter.

Dann der Trompetenstoß, Pedro grüßte den Präsidenten mit dem Hut in der Hand, setzte ihn sich wieder auf und verließ die Arena.

Die Corrida ging zu Ende. Wir zogen uns im Hotel um und versammelten uns zum Essen. Wir wollten gerade zusammen mit meinem Anwalt und den Freunden etwas trinken gehen, da kamen Miossotis und Juan de Alba auf uns zu. Sie fragten uns, ob wir es schon gehört hätten.

»Nein«, antwortete ich, »was meint ihr denn?«

»Der Picador ist seinen Verletzungen erlegen.«

Ich war wie gelähmt. Wir fuhren ins Krankenhaus. Alle, die mit dem Stierkampf zu tun hatten, waren dort versammelt, Spanier und Kolumbianer. Carlos war Kolumbianer gewesen. Wir Stierkämpfer sind wie eine große Familie. Auch wenn wir manchmal Streit haben, halten wir doch immer zusammen, wenn es einen von uns trifft.

Man denkt immer, daß der Tod etwas ist, was einem selbst nicht passieren kann. Ich denke fast nie an ihn, versuche, möglichst gar nicht davon zu sprechen, so als habe er mit mir nichts zu schaffen, und mit den anderen, die ich kenne, auch nicht. Ich erwähne ihn nur, wenn man mich interviewt und mich fragt, was er für mich bedeutet. Kein Torero denkt viel über ihn nach, denn wenn er ihn immer gegenwärtig hätte, dann würde er gar nicht in die Arena hinausgehen. In jenen Augenblicken aber sah ich ihn plötzlich ganz aus der Nähe. Und ich mußte seinen Namen nennen. Der Picador war bei meiner Corrida dabeigewesen, ich hatte gemeinsam mit ihm gekämpft. Jetzt war er tot. Ein Mann war eben noch am Leben gewesen, war eben noch einer von uns, und ein paar Stunden später war er tot. Jetzt konnte ich den Tod aus viel größerer Nähe sehen, als wenn ich vor dem Stier stehe.

Mein Beruf bringt ein Risiko mit sich, doch war es nicht der Stier gewesen, der den Lanzenstecher getötet hatte. Stürze wie der, den mein Kollege Carlos Borrals erlitten hatte, geschehen häufig. Das, was geschehen war, und die Art und Weise, wie es geschah, zeigten mir, daß man niemals weiß, wann, wo und wie es passiert. Heute lebe ich noch, aber morgen kann ich schon tot sein.

Pedro Roig dachte ähnlich: »Carlos' Tod war für jenen Nachmittag vorbestimmt. Dieser Stier war ihm vorbestimmt, dieser Sturz, dieser Tag. Auch unser Tod ist uns für irgendeinen anderen Tag vorbestimmt.«

Der Tod des Picadors ließ uns alle mit einem Gefühl der Leere zurück, einem Gefühl der Einsamkeit. Am nächsten Tag mußten wir wieder kämpfen, und wir durften nicht zulassen, daß unsere Angst überhandnahm. Denn die Angst ist eines der vielen Gesichter des Todes.

Ich weiß, daß der Stier mich verletzen kann, wenn er mich erwischt, doch denke ich dabei nicht an den Tod. Ich kenne das Gefühl, verwundet zu werden, und habe Angst vor dem Schmerz. Ich bin mir der Gefahr zwar irgendwie bewußt, denke aber nicht andauernd an sie. Man kann nicht kämpfen, wenn man dauernd daran denkt, was alles passieren könnte. Man legt ja auch keinen Verband an, wenn man nicht verletzt ist, und man denkt nicht immer an einen Unfall, wenn man Auto fährt. Ein gefährliches Verkehrsmanöver kann die Angst wecken. Man fürchtet sich vor einem Unfall und davor, daß er tödlich sein könnte. Dann sollte man zwar vorsichtig fahren, aber es ist nicht ratsam, die Angst das Lenkrad steuern zu lassen.

Ein Kollege war verunglückt. Ein Unglück, das wir hinnehmen und verarbeiten mußten. Um am nächsten Tag wieder kämpfen zu können. Das mußte so sein. Die größte Trauer, der größte Schmerz dürfen nicht zum Tragen kommen, wenn man vor dem Stier steht. Die Technik und die berufliche Erfahrung geben dem Torero die nötige Sicherheit, um die Angst vergessen zu können. Und sein Mut hilft ihm, sie zu besiegen. Die Trauer muß man draußen vor der Arena lassen, so wie damals, als Paquirri starb oder »El Llillo«. Ein Tag wie jeder andere. In der Arena vergißt man alles, denn es gibt nur eine Richtung, es muß weitergehen.

Ich stand in der Arena, als mein Großvater starb. An dem Tage, als er starb, kämpfte ich und erfuhr gar nicht, daß er gestorben war. Am nächsten Tag war ich bei seiner Beerdigung, und den Tag darauf kämpfte ich schon wieder. Ich fühlte mich sehr schlecht, doch wenn der Stier herauskommt, vergißt man alles. Selbst wenn man, kaum daß man ihn getötet hat, hinter die Planken kommt und die Verzweiflung einen wieder packt.

Man darf nicht zulassen, daß einen in der Arena die Traurigkeit überwältigt. Allerdings läßt sich nicht vermeiden, daß sie sich zu den vielen anderen Stimmungen und Gefühlen gesellt, die einen Nachmittag füllen, den Nachmittag des Stierkampfs.

Die Auslosung

Einen Tag nach dem Tod des Picadors flog ich nach Bogotá. Kurz darauf nach Cartagena de Indias. Von dort aus sollte es weiter nach Mexiko gehen.

Schon in Kolumbien begann ich, mich schlecht zu fühlen. Die Gegenwart der Stiers brachte mich aus dem Gleichgewicht, ich war wie aus der Bahn geworfen. Ich fühlte mich nicht mehr wohl in der Arena, hatte das Gefühl, nicht mehr richtig kämpfen zu können. Das erste Mal in meinem Leben fühlte ich mich nicht in der Lage, vernünftig zu kämpfen. Ohne Einfälle, ohne Geistesgegenwart. Ich hatte überhaupt keine Lust mehr zu kämpfen, wollte mit niemandem reden. Ich wollte nur noch die Augen schließen und allein sein.

Seit zwei Jahren schob ich diese Erschöpfung vor mir her, sowohl in der Arena als auch außerhalb. Presse, Radio und Fernsehen, immer mußte ich dasselbe erzählen. Dieselben Fragen, dieselben Antworten. Ich war es leid.

Ich begann, mir meiner Degenarbeit bewußt zu werden. Es kam mir vor, als hätte ich das Gefühl dafür verloren, den richtigen Stil, meine Inspiration.

Weit fort von zu Hause und von meiner Familie wurde ich jeden Tag ein bißchen trauriger. Es blieb mir die Hoffnung auf Mexiko, dort hatte ich einen der größten Erfolge meiner Karriere gehabt. Die Bestätigung meiner *alternativa* in Mexiko würde mir Gelegenheit geben, meinen Erfolg von damals zu wiederholen. Ich spürte es. Ich ahnte es.

»La México«, die Arena, wo ich die Verzauberung gespürt hatte, als ich dort als Jungstierkämpferin kämpfte. Der Morgen der Auslosung. Ich weiß, daß Simón sehr nervös war und sehr besorgt, wie man mir sagte. Abwesend nahm er an den Unterhaltungen teil und suchte in seinen Taschen nach einem Blättchen von denen, die er gewöhnlich immer aufhebt. Er hatte versprochen, das Rauchen aufzugeben, wenn ich in dieser Arena Erfolg hätte. Im Augenblick steckte er sich allerdings noch eine nach der anderen an. »Hoffentlich zeigt sie's den Männern«, sagte ein dicker Mann neben ihm, der eine Zigarre rauchte, und fügte hinzu: »Verdammt noch mal, das wünsche ich ihr von ganzem Herzen!«

Simón war in Begleitung einer Freundin zur Auslosung gegangen, man ließ sie nicht hinein, weil sie eine Frau war. Das war die Regel.

»Eine Sache ist die Regel, und eine andere das Umsetzen dieser Regel«, meinte er.

»Wir müssen auf den Richter warten«, bekam er zur Antwort. »Es ist der beste Richter, er ist sehr hart.«

»Wenn er sehr hart ist, ist es nicht der beste«, meinte Simón beinahe beleidigt.

»Er kennt die Regeln und wendet sie gerecht an.«

»Um den Geist der Regel richtig auszulegen, braucht es Zeit, und die Dame ist nun schon mal hier. Wenn eine Frau diese Arena schon erobert hat, warum will man dann noch bei der Auslosung die Frauen von den Männern trennen?«

»Es darf nur der Manager zur Auslosung und ein Mitarbeiter. Und in diesem Fall wird das ebenso gehandhabt«, antwortete man ihm, um die Sache zu beenden

Simón ging von einem Stierzwinger zum anderen und nahm die vielen Menschen gar nicht wahr, die sich auf den Gängen dazwischen drängten, wo auch nur Männer zugelassen waren. Währenddessen unterhielt sich seine Freundin mit den Frauen, die sich in einer Loge zusammengefunden hatten.

Lupita, eine junge Mexikanerin von achtzehn Jahren, die selber kämpfte, seit sie elf Jahre alt war, fragte, warum man sie nicht mit den Männern zusammen hinunterließ. »Auf Yucatán kann jeder überall mit hin, und die Jungstierkämpfer, die ihre Karriere noch vor sich haben, können die bekannten Persönlichkeiten des Stierkampfs kennenlernen und sich mit ihnen anfreunden. Hier ist das alles anders. Es ist das erste Mal für mich, daß man die Männer von den Frauen trennt. Heute soll in dieser Arena eine Frau kämpfen, und uns zwingt man dazu, hier eingesperrt zu sein wie in einem Stall.«

Lupita zeigte ohne Scheu ihre Bewunderung für mich, als Frau und als Stierkämpferin. »Ich bin nur aus Yucatán hierhergereist, um sie zu sehen. Ich möchte sie kennenlernen und ihre Freundin werden. Alejandro Silveti, der Torero, der mit ihr zusammen in der Arena stehen wird, ist mein Freund, und vielleicht stellt er uns vor. Man kann sie doch nicht geringer achten, nur weil sie eine Frau ist. Worauf es ankommt, ist der Mut, von dem sie mehr als genug hat, und die Fähigkeit, die Angst zu überwinden. Um im Stierkampf gut zu sein, muß man Angst haben können. Wir alle haben Angst. Alle Toreros denken daran, daß dies der letzte Tag unseres Lebens sein kann.«

Eine weibliche Angestelle der Stierkampfschule der Arena von Mexiko versuchte, den Grund für die Diskriminierung zu erklären: »Das Publikum behandelt einen weiblichen Torero ganz automatisch nachsichtiger. Es verlangt weniger von ihr, weil sie weniger körperliche Kraft besitzt. Das ist ein Nachteil für die männlichen Toreros, denn beim Vergleich kommen sie immer schlechter weg. Sie fühlen sich unter Druck, meinen sich mehr anstrengen und sogar auch mutiger auftreten zu müssen. Wenn eine Frau besser ist als sie, dann verletzt sie das. Hier in Mexiko gab es bis vor kurzem noch viele Traditionalisten. Es war nicht möglich, daß eine Frau kämpfte, nicht einmal die Stierzüchterin-nen durften da unten hinein. Inzwischen können die Stierzüch-terinnen von einer Loge aus den Einzug ihrer Stiere in die Gatter verfolgen. Früher ging das nicht, da durften auch während der Corrida keine Frauen in die Züchterloge. Gerade seit Cristina hier gekämpft hat, sind auch immer mehr Mädchen in die Stierkampf-schule gekommen. Früher war das überhaupt nicht erlaubt. Nicht so sehr aufgrund von Diskriminierung, sondern vielmehr um zu vermeiden, daß die Disziplin nachließ. Aber sie haben sich wirklich prima verhalten, und die Jungen fangen an, sie als Kolleginnen zu akzeptieren.«

Simóns Freundin hörte den Frauen aufmerksam zu. »Es gibt Männer, die halten Frauen für Symbole des Unglücks«, sagte eine von ihnen. »Sogar einige Frauen glauben das, und es ist schwer, diesen Aberglauben zu besiegen. Eine Frau darf nicht in die Nähe von Stieren kommen.« Es gab jede Menge Erklärungen. »Es ist besser, wenn wir nicht hinuntergehen, da sind viel zu viele Männer. Das Verbot nützt uns doch eigentlich nur, es schützt uns vor den Belästigungen der vielen Machos da unten.«

Mein Vater zitterte richtig, während er die Zigarettenpapierchen, auf die sie die Nummern der Stiere geschrieben hatten, zu Kügelchen drehte. Dann warf er sie in einen Hut. Simón stand daneben und rauchte wie ein Wahnsinniger. »Allen viel Glück.« Der Hut wurde mit einem zweiten zugedeckt und durch die Luft geschwenkt. Man hielt ihn meinem Vater hin, den Rand des Hutes, der als Deckel diente, leicht angehoben.

»Die Damen zuerst.«

»Nein, nein, bloß nicht«, antwortete er. »Hier sind alle Toreros, Damen gibt es keine.«

Mein Vater wartete, bis er an der Reihe war. Dann nahm er ein Kügelchen aus dem Hut, während er die beiden Heiligenbildchen küßte, die er immer um den Hals trägt.

Als die Auslosung beendet war, sagte Simón, ohne jedoch seinen sorgenvollen Ausdruck zu verlieren: »Auf dem Papier sieht es bestens aus.«

Danach wurden die Stiere gezeigt, man brachte sie vor dem Publikum in die Gatter, während ein Lied erklang: *Matacuervos* von María Dolores Pradera. Die Freundin von Simón durfte schließlich doch zu den Männern hinunter. Weil eine Frau in der Arena kämpfen sollte, machte man eine Ausnahme. Dann ging sie meine Mutter begrüßen, die, diskret wie immer, oben bei den Frauen geblieben war. Es war das erste Mal, daß meine Mutter an einer Auslosung teilnahm. »Ich habe die Stiere gesehen, der erste hat mir nicht besonders gefallen. Nicht, daß es mir mehr Angst machen würde, sie hier schon zu sehen. Dann kenne ich sie wenigstens, wenn sie nachher in die Arena kommen. Sie sind schrecklich groß, und mein Mädchen ist doch so klein.«

Meine Mutter machte sich an diesem Nachmittag genauso viele Sorgen wie immer. Daß sie vorher die Stiere gesehen hatte, änderte daran nichts. Nachher, wenn sie auf der Tribüne sitzt und sich die Corrida ansieht, kann man sie nicht ansprechen. Nach meinem ersten Stier entspannt sie sich ein bißchen, bis ich dann mit meinem zweiten komme. Sie ist immer sehr nervös, auch wenn man es ihr nicht anmerkt. Doch dieser Tag war ein ganz besonderer, denn sie war die Mutter der Frau, die heute zum ersten Male als Matadora in die Arena von Mexico City trat. Und sie war ungeheuer stolz darauf.

Die Bestätigung

Die Bestätigung meiner *alternativa* in der Arena von Mexico City, in meinem ersten Jahr als Matadora, brachte mich meinem Traum noch näher. Die Erwartungen, die man an mich hatte, waren riesig, denn es war das erste Mal, daß in »La México« eine Matadora kämpfte.

Ich wünschte mir, daß ich dem Druck, der auf mir lastete, standhalten würde. Gerade so viel Verantwortung spüren, um es nicht zu schwer zu nehmen. Um es genießen zu können. Aber es war nicht so. Die Stunde der Corrida nahte und meine Beklemmung wuchs.

Die beiden Tage zuvor, den Freitag und den Samstag, verbrachte ich umgeben von Menschen ohne es richtig wahrzunehmen, denn ich war zu sehr mit mir selbst beschäftigt. Ich aß lustlos und hörte um mich herum Lachen und Singen, ohne wirklich etwas zu hören. Ich wünschte mich ganz weit fort. Ich war schließlich nicht hier, um mich zu freuen, sondern um zu kämpfen. Ich erlaubte mir einfach nicht mich zu vergnügen, denn ich war zum Stierkampf hergekommen und konnte nur an den Stierkampf denken. Ich mußte mich darauf einstellen zu kämpfen, und hatte nur den Wunsch, mich ins Hotel zu flüchten. Und an die Corrida zu denken. Den Sieg. Die Angst vor dem Mißerfolg. Die Angst, mich lächerlich zu machen.

Den Samstagmorgen verbrachte ich mit Pepe, wir machten einen langen Spaziergang und trainierten dann das Töten. Er half mir, den Druck ein wenig loszuwerden, meinte, ich solle diesen Tag genießen, daran denken, daß nicht jeder so weit käme, daß nicht alle die Gelegenheit hätten, in »La México« zu kämpfen und dort ihre *alternativa* zu bestätigen. Ich solle es genießen und an nichts anderes denken. Alles würde schon so laufen wie in jeder anderen Arena auch. Das beruhigte mich ein bißchen, und am Samstagnachmittag ging es mir besser. Die Unterhaltung half mir, mit den Gedanken fertig zu werden, die mir im Kopf umherschwirrten und mich bedrängten. Pepes Worte vertrieben diese Geister, die sich meiner bemächtigt hatten.

Ich verbringe zu viel Zeit allein, und es wird nicht besser, wenn ich die Dinge tausendmal überdenke, sie hin und her wälze und mehr daraus mache, als nötig wäre. Zuviel Zeit in Hotelzimmern. Ich bin gerne allein, und dennoch habe ich Angst vor der Einsamkeit. Es kommt vor, daß viele Menschen um mich herum sind, und ich mich dennoch vollkommen einsam fühle. Ich möchte von Dingen reden, die nichts mit der Welt des Stierkampfs zu tun haben, möchte nicht immer dasselbe Gegenüber haben, Banderilleros, Picadores, immer dieselben Gesprächspartner. Weit weg von zu Hause beschränkt sich meine Gesellschaft auf meine *cuadrilla*, meinen Vater und meinen Manager. Dann bekomme ich manchmal richtig Angst, daß nicht einmal ein paar Freunde und Freundinnen da sind, mit denen ich meine Freude teilen könnte.

»Es wird schon alles gutgehen«, dachte ich in meinem Hotelzimmer und schaltete den Fernsehapparat ein. Wenn nur kein Wind weht, wenn einigermaßen gutes Wetter ist, wenn die Stiere gut angreifen, wenn ich keinen allzu hinterhältigen erwische. Je größer die Erwartungen sind, die man hat, um so mehr kann man auch enttäuscht werden. »La México«, die Bestätigung meiner *alternativa*. Wieder ist hier alles anders als in den anderen Arenen. Wenn das Publikum dich mag, so hatte man mir gesagt, dann liebt es dich, wenn die Sache nicht gut läuft, dann haßt es dich. Zwischendrin gibt es nichts. Entweder es liebt dich, oder es haßt dich, so ist das hier.

Der Machismo, der immer noch in Mexiko an der Tagesordnung war, zwang mich dazu, beweisen zu müssen, daß ich mit dem gleichen Mut Matadora geworden war, den ich schon als Jungstierkämpferin in dieser Arena bewiesen hatte.

Am Sonntagmorgen brauchte ich lange zum Aufstehen. Je län-

176

ger ich den Moment hinausschob, die warmen Laken zu verlassen, desto kürzer würde auch das Warten werden. Meine Mutter wohnte in einem Hotel, das ein Stück von meinem entfernt war, sie rief mich von dort aus an. Wir unterhielten uns eine Weile am Telefon, sie fragte mich, wie es mir ginge. Eigentlich ruft sie nie an, bleibt immer im Hintergrund. Wenn ich in Madrid gekämpft habe, hat sie auch nie angerufen, sie sieht mich gehen und wünscht mir Glück, das ist alles. So ist meine Mutter nun mal, aber ich kenne sie und weiß genau, wann sie sich Sorgen macht. Jetzt machte sie sich welche, und trotzdem wurde ich ruhiger, als ich sie hörte.

Ich überlegte, ob ich zum Frühstück hinuntergehen sollte. Vor der Corrida bin ich ja normalerweise gern allein, sehe fern, lese ein Buch, mache das, was mein Körper von mir verlangt. Ich beschloß, den Zimmerservice anzurufen, und bestellte Cornflakes, Ananassaft und Käse. Dann sah ich ein wenig fern.

Es wurde Zeit, daß man mir das Ergebnis der Auslosung mitteilte. Ich mußte wissen, wie die Stiere waren und welche ich bekommen hatte. Ich wunderte mich, daß niemand kam. Weder mein Vater noch mein Manager ließen sich blicken, und auch die Mitglieder meiner *cuadrilla* blieben aus.

Normalerweise sehe ich nicht gerne die Stiere vor der Corrida, denn wenn sie sehr groß oder sehr stark sind, oder wenn irgend etwas anderes nicht gut an ihnen ist, dann denke ich die ganze Zeit nur darüber nach. Ich habe genug damit zu tun, mich psychisch auf den Kampf vorzubereiten, als daß ich mir noch Sorgen um die Stiere machen könnte. In Amerika gehe ich manchmal trainieren, weil ich dort mehr Zeit habe, und dann trete ich an die Gatter und sehe mir die Stiere an. In Cali habe ich zweimal gekämpft. Beim ersten Mal hatte ich die Stiere nicht gesehen, und alles ging gut. Bei der zweiten Corrida jedoch sah ich die Stiere vorher, und es lief entsetzlich. Und heute sage ich mir: »Ich gehe besser nicht hin, lieber lasse ich mir erzählen, wie sie sind.« Wenn man mir sagt, daß es riesige Stiere sind, daß sie häßlich oder groß sind und lange Hörner haben, dann stelle ich mir das vielleicht vor, aber wenigstens habe ich es nicht gesehen und kann anders damit umgehen.

Ich gehe auch nicht gern zur Auslosung. Kein Matador nimmt daran teil, mit wenigen Ausnahmen. Am Tag der Corrida bleiben wir Matadore lieber ruhig auf unserem Zimmer, ohne jemanden zu sehen.

Es war schon zwei Uhr nachmittags. Immer noch war niemand erschienen und hatte mir gesagt, welche Stiere wir abbekommen hatten. Irgend etwas mußte geschehen sein, ich rief im Hotel meiner *cuadrilla* an. Sie waren schon wieder eine Weile zurück und hatten sich nicht gemeldet, weil sie glaubten, mein Vater habe mich informiert. Der dachte, Simón habe das getan. Und Simón glaubte, mein Vater habe mit mir gesprochen.

Am Vortag hatte ich die Stiere in der Arena gesehen, ich kannte die Auswahl. Es war ein brauner Stier darunter, der mir nicht besonders gefiel, es hieß, man habe mit einem seiner Brüder einen großen Triumph erlebt, uns überzeugte sein Aussehen jedoch nicht. Mit dem Aussehen eines Stieres ist es so ähnlich wie mit dem eines Menschen. Eine kleine, dicke Person kann auch nicht gut Basketball spielen. Der Stier muß gedrungen gebaut sein und einen starken Hals haben, um gut anzugreifen. Der braune Stier wirkte ein wenig plump und kurzhalsig auf uns, meinem Vater und Simón gefiel er nicht, und mir selbst auch nicht. Ich wollte ihn nicht gern abbekommen.

Als ich Pepe fragte, meinte er, alles sei bestens, wir hätten den braunen erwischt. »Wir haben noch einen zweiten guten, mit weit auseinanderstehenden Hörnern, er ist gut gebaut, klein und ein wenig dick, sehr hübsch, dieser Stier. Und wir haben den braunen erwischt. Er ist ein wenig plump, aber es heißt, er würde gut angreifen. Die Stiere, die wir bekommen haben, sind die, die wir wollten.«

Ich schaltete den Fernseher ein. Nach einer Weile kam mein Vater und erklärte mir noch einmal, was Pepe mir schon erzählt hatte. Außerdem sagte er, daß es ein herrlicher Tag sei, es ginge kein Lüftchen und alles würde gutgehen.

Simón dachte dasselbe, während er mit seiner Freundin zu Mittag aß. Sie saßen auf der Terrasse eines Restaurants im vierten

Stockwerk, da erschütterte ein starkes Erdbeben die Stadt. Die Kellner hielten sich an den Säulen fest, die Gäste begannen zu flüchten, und manche stellten sich zum Schutz in die Türrahmen.

»Da kommt Cristina Sánchez zum Kämpfen, und ganz Mexiko beginnt zu beben«, rief Simón und ergriff die Hand seiner Freundin, während sie ins Innere des Gebäudes liefen.

Die Zeremonie

Mit dem Ankleiden beginne ich immer alleine. Ich ziehe mir ein Paar weiße Strumpfhosen unter die rosafarbenen Strümpfe, die für gewöhnlich auch die Männer tragen, für den Fall, daß die knielange Hose zerrissen wird. Ein Sport-BH, Strumpfhose und Strümpfe, dann das Hemd und die Stierkampfhose. Mein Vater kommt herein und zieht mir die Schuhe an, dann bindet er mir die Gamaschen an meinen Waden. Damit sie nicht rutschen, müssen die Schnürsenkel vorher mit Wasser befeuchtet werden.

Ich kleide mich im Stehen an. Es ist unbequem, sich hinzusetzen, sobald man die Hose an hat, sie rutscht immer ein wenig nach oben. Im Stehen binde ich mir die Krawatte um, ziehe mir die Weste an, und schließlich, wenn ich bereit bin, das Zimmer zu verlassen, hilft mir mein Vater in die Jacke. Dann gibt er mir meinen *capote de paseo* und die *montera*.

Bevor ich mich ankleide, flechte ich mir einen tiefsitzenden Zopf, der fast im Nacken ansetzt. Mein langes Haar gehört zu meiner Eitelkeit, wenn ich das Haar kurz trüge, sähe ich in der Stierkämpfertracht wie ein Mann aus. Aber es wäre auch ungeheuer unbequem, mit offenem Haar zu kämpfen, also flechte ich mir meinen Zopf, meine *castañeta*, die meinem Aussehen den Zug des Weiblichen gibt. Die *castañeta* ist in der Arena wie ein Wahrzeichen, ohne sie wäre ein Torero in seiner Tracht wie ein Mönch ohne Tonsur. Ich flechte mir meinen Zopf aus meinem eigenen langen Haar, wie es früher auch die männlichen Toreros machten.

Der immer wieder gleiche Ablauf all dieser Handlungen ist eine Art Zeremonie. Mein Vater hilft mir beim Ankleiden, und er ist es auch, der meine Sachen immer auf dieselbe Art und Weise auf einem Stuhl zurechtlegt: die Weste hängt über dem Rand des Stuhls; die Hose ist über die ganze Sitzfläche gebreitet, darauf liegen Strumpfhose, Strümpfe und Strumpfhalter, genau in der Reihenfolge, wie ich sie mir anziehe; die Mütze liegt ganz oben auf all den Kleidungsstücken, und schließlich, über alles gebreitet, der *capote de paseo*. Die Schuhe stellt er unter den Stuhl, wobei er vorher die Schuhriemen kontrolliert und sie ein bißchen anfeuchtet. Damit sie nicht rutschen, feuchtet er sie genau da an, wo der Riemen fest sitzen muß, und wenn sie trocknen, lösen sie sich nicht mehr. Schuhe mit hängenden Riemen geben kein gutes Bild ab. Die Jacke hängt er nie über den Stuhl, sondern immer in den Schrank. Mein Vater sagt, solange der Stuhl nicht vorbereitet ist, sähe es immer so aus, als seien wir in den Ferien. Wenn der Matador den Stuhl jedoch vorbereitet vor sich sieht, beginnt er, sich psychisch auf den Kampf einzustellen.

Mein Vater weiß genau, wie ich es gern mag. Ich habe zwar keine besonderen Marotten, mag es aber, wenn er mir den Stuhl immer auf dieselbe Weise vorbereitet. Und mir immer auf dieselbe Weise beim Ankleiden hilft.

Der Zauber des Kostüms. Die Liturgie. Stierkampf ist nicht nur, in der Arena zu stehen. Die Zeremonie beginnt vorher. Sich die Stierkämpfertracht anziehen, heißt nicht, in eine Uniform zu steigen, man kleidet sich vielmehr in ein Gefühl. Dazu gehört auch die Art und Weise, wie man es anzieht. Damit beginnt bereits das Ritual, damit erwacht schon ein ganz klein wenig die Angst. Und es erwacht das Bedürfnis, allein zu sein. Und keine unangebrachten Fragen zu hören: »Hast du Angst?« – »Bist du nervös?« Wie werde ich nicht nervös sein, wie werde ich keine Angst haben? Da ist es besser, allein zu sein, sich zu konzentrieren oder mit den richtigen Menschen zusammenzusein, denen, die im richtigen Moment zu schweigen wissen und die die Stimmung mit einem teilen.

Der Zauber. Und die Neugier. Die Stierkämpfertracht fasziniert durch den Zauber, den sie ausstrahlt. Der normale Sterbliche traut sich nicht, sie anzufassen, auch wenn er es gerne möchte, und manche bitten mich um die Erlaubnis dazu. Oder sie bitten um Erlaubnis, zusehen zu dürfen, wie sich der Torero ankleidet. Im Zimmer zu bleiben, wo die Zeremonie beginnt. Den Augenblick zu teilen, wenn der Torero sich ankleidet und beginnt, mit dem Leben und dem Tod zu spielen, als sei es das erste Mal, daß er es tut, und zugleich das letzte.

Die Enttäuschung

Das grüne Kostüm. Das granat- und goldfarbene, das mir so sehr gefiel, war fast neu, doch als ich als Jungstierkämpferin in Mexiko gekämpft hatte, trug ich auch Granat und Gold. Daher wählte ich diesmal das grüne. Ein paar Freunde waren bei mir, während ich mich ankleidete, der Fahrer, der mich ein Jahr zuvor während meiner Mexikoreise überall hingefahren hatte, ein älterer, sehr sympathischer Mann, mit seiner Frau und seinen Kindern. Meine Mutter kam herein, um mir einen Kuß zu geben und mir Glück zu wünschen, dann Simón und seine Freundin, nur für einen Augenblick. Sie waren alle sehr nervös und nicht in der Lage, ihre Aufregung zu verbergen.

Nur selten beteilige ich mich auf dem Weg zur Arena am Gespräch, ich sitze auf dem Beifahrersitz des Kleinbusses und konzentriere mich, denke an meine eigenen Sachen. Ich war ruhig, aber nachdenklich. Jemand legte mir einen Strauß Rosen auf den Wagen, und ich ließ ihn liegen. In solchen Momenten bin ich ein vollkommen anderer Mensch. Es ist die Angst, die mich verändert, nicht die Angst vor dem Stier, sondern die Angst vor dem ganzen Nachmittag, vor der ganzen Corrida. Ich hätte mich bedanken und den Strauß in die Arme nehmen sollen.

Bevor ich in den Tunnel der Arena trat, erblickte ich meine Mutter und noch ein paar andere Bekannte mit der spanischen Fahne, alle schauten zu mir her. Begleitet von aufmunternden Zurufen schwenkten sie die Fahne. Ich war ganz gerührt. Es ist seltsam, man kann in Spanien sein und das Land verwünschen, doch wenn du dein Land verläßt und einen Spanier triffst, dann nimmst du ihn in den Arm. So etwas Ähnliches spürte ich, als ich jetzt die Fahne sah.

Wir gingen alle durch den Tunnel zum Tor der *cuadrilla* hinunter. Fotos. Interviews. Radio. Fernsehen. Ich war keine Sekunde allein, dabei brauche ich in diesen Momenten die Ruhe am nötigsten.

Mein Vater legte mir meine *capa* um, ich spürte Pepes Hand auf meiner linken Schulter. Mein Vater beendete seine Arbeit, gab mir links und rechts einen Kuß und ging. Pepe schlang sich seine *capa* um und wünschte Pedro, der als Picador dabei war, viel Glück. Ich blieb neben ihm, es gefällt mir, wenn die Banderilleros bei mir sind. Ohne sie fühle ich mich immer irgendwie schutzlos.

Miguel Espinosa, »Armillita«, ein großer Torero, hatte mir im Jahr zuvor bei einem Essen angeboten, bei der Bestätigung meiner *alternativa* in Mexiko Pate zu stehen. Alejandro Silveti, auch er ein wichtiger Torero, sollte die Rolle des Zeugen übernehmen. Zwei in ganz Mexiko bekannte Toreros, zwei Berühmtheiten.

Der Boden der Arena war mit Blumen bedeckt. Ich sah es bereits vor dem Einzug. Ich wurde plötzlich ganz nervös wegen der Blumen, ich sah nach allen Seiten und dachte, wenn ich auf die Blumen trete, dann geht es sicher schief heute.

Zwei Reiter kamen heraus, um, dem Ritual entsprechend, den Präsidenten um die Erlaubnis zu bitten, mit der Corrida zu beginnen. Einer der beiden trug die typisch mexikanische Reitertracht, mit dem großen Hut auf dem Kopf. Wir Matadore warteten mit unserer *cuadrilla* darauf, daß sie zurückkämen, damit wir mit unserem Einzug beginnen konnten. Ich stand im Tor und sagte mir andauernd: »Auf geht's, auf geht's«, um mir selbst Mut zu machen. Dann marschierten wir alle in die Arena. Ich trat zuerst mit dem rechten Fuß auf. »Na los, auf geht's.«

Der Einzug begann. Ich versuchte, nicht auf die Blumen zu treten. Ich trat auf die Blumen.

Die Bestätigung meiner *alternativa* wurde ein Desaster, meine Erwartungen wurden nicht bestätigt. Das wußte ich gleich, als ich den ersten Stier sah und ihn mit der *capa* zum Stehen brachte, er blieb zurück, kam nicht in Fahrt, griff nicht genügend an. Ich hoffte, daß er durch das Stechen mit der Lanze gewinnen würde und hinterher besser wäre.

Die Picadores sind für den Matador ungeheuer wichtig. Ohne ihre Arbeit könnte man nicht kämpfen, denn der Stich mit der Lanze nimmt dem Stier seine ursprüngliche, ungezügelte Aggressivität. Es ist wichtig, daß der Torero ihn lenken kann, daß er in Ruhe mit der *muleta* arbeiten kann. Man muß sehr genau darauf achten. Der Kampfesmut des Stiers läßt sich daran erkennen, wie er sich dem Pferd gegenüber verhält. Wenn der Stier tief und aus der Brust heraus zustößt, wenn man ihn, nachdem er schon gestochen ist, noch einmal vors Pferd bringt, der Picador ihn reizt und der Stier wieder auf ihn losgeht, daran erkennt man seinen Kampfesmut. Man muß sich die Reaktion des Stiers genau ansehen, ob er von tief unten oder eher nach oben stößt, ob er einfach um sich schlägt mit dem Kopf oder ob er nicht lockerläßt. Wenn der Stier am Pferd zu zahm ist, gestochen wird und davonläuft, dann wird er an der *muleta* genauso sein, und wenn er mit den Hörnern von der Seite her droht, dann weiß man schon, wie er den Kopf an der *muleta* halten wird.

Ich beobachtete den Kampf des Stiers am Pferd und bat Pepe, ihn wegzuholen. Ich bitte immer einen meiner Banderilleros, den Stier wegzuholen, um ihn besser beobachten zu können. Manchmal durchschaut man das Verhalten des Tiers besser, wenn man einen der Banderilleros kämpfen sieht, als wenn man selbst kämpft. Ich sah, daß der Stier praktisch gleichgeblieben war, daß er nicht angreifen wollte.

Der Augenblick war gekommen, die Bestätigungszeremonie zu vollziehen. »Armillita« übergab mir die *muleta* und den Degen, ich gab ihm die *capa*. Dann sagte der Pate ein paar Worte, wie bei einer Hochzeit, wenn der Priester eine kleine Predigt hält. »Armillita« übernahm diese Rolle, so wie er es mir versprochen hatte, und er wünschte mir für viele Jahre Glück. Ein so sehr bewunderter Torero, der mir in dieser Arena Glück wünschte: Ich lauschte ihm bewegt, doch auch mit Ungeduld, denn ich wollte zurück zum Stier. Ich war so nervös, daß ich »Armillita« einen Kuß gab,

185

bevor ich meine *trastos* empfing. Alejandro Silveti wünschte mir ebenfalls Glück. Dann gab ich beiden rechts und links einen Kuß auf die Wange.

Die Presse befaßte sich nachher besonders mit diesen Küssen: »Bei der Bestätigungszeremonie wurden sechs Küsse ausgetauscht.« Es ist nicht gerade Sitte, daß man sich in der Arena küßt. Die Männer küssen sich nicht. Man machte es zum Thema, addierte die Küsse und veröffentlichte das Ergebnis am nächsten Tag in der Zeitung. In Mexiko wird bei der Begrüßung höchstens einmal geküßt, und ich hatte die beiden – ganz nach spanischer Sitte – jeweils zweimal geküßt.

Ich kehrte zu meinem Stier zurück. Das Tier brachte mich zum Stolpern, ich stürzte. Der natürliche Impuls des Kampfstiers sind Aggressivität und Kampfeswillen, dieser hier war nicht einmal fähig, auf mich loszugehen. Er stand einfach da und sah mich an. Ich stach mehrmals zu und tötete ihn schließlich.

Der zweite Stier griff mich unvermittelt an und nahm die *capa* mit, als ich ein paar *verónicas* versuchte. Er war langsam und plump, dieser Stier, das ganze Gegenteil eines Kampfstiers. Von den Rängen ertönten Pfiffe. Der Stier ließ sich auch mit der *muleta* nicht unter Kontrolle bringen. Er war nicht in der Lage, gut anzugreifen. Unkontrolliert, ohne konzentrierte Kraft. Buhrufe. »Töte ihn, töte ihn!«

Ich spürte, daß ich in Gefahr war. Wenn ich unter Spannung stehe, hinter dem Plankenschutz, versuche ich oft, mich zu beruhigen. Ich sage mir dann: »Bleib ruhig, bleib ruhig«, und denke an etwas Angenehmes, um die Angst zu vertreiben.

Die Gefahr geht immer vom Stier aus. Die Gefahr für den Torero, eine Hornverletzung abzubekommen, ist größer, wenn er einen schlechten Stier vor sich hat. Dieser hier war ein solcher Stier, und ich kämpfte zusehends schlechter. Ich verlor die Lust, und meine fünf Sinne begannen zu erlahmen. »Töte ihn! Töte ihn!« rief man mir aus dem Publikum zu. Das war mir noch nie zuvor passiert. In meinem ganzen Leben noch nicht. Und ich lief, den Degen zu holen, ohne lange darüber nachzudenken. Er erwischte mich, als ich ihn töten wollte. Ich traf nicht sofort zwischen die Schulterblätter, wie man es tun sollte, um den Stier nicht leiden zu lassen, und da passierte es auch schon.

Der Augenblick des Tötens ist der einzige Moment des Kampfes, bei dem man das Gesicht des Stiers nicht sehen kann. Man hält die *muleta* ganz tief am Boden und vertraut darauf, daß der Stier den Kopf senkt, um den Punkt treffen zu können, an dem der Degen eindringen muß. Das Verhalten des Stiers während des Kampfes bleibt gleich, wenn man ihn töten will. Wenn er vorher kein einziges Mal den Kopf gesenkt hat, braucht man auch jetzt nicht zu erwarten, daß er es tut und sich vom Torero den Degen richtig plazieren läßt. Der Stier wird den Kopf heben. Ich wußte das ganz genau, und ich wußte, daß dies ein schlechter Kampfstier gewesen war. Mein Blick blieb an den Hörnern hängen. Endlich schaffte ich es, ihn wieder von den Hornspitzen abzuwenden und den Degen hineinzustoßen. Aber der Stier fiel nicht. »Was für ein Pech ich heute habe, da verpasse ich ihm den Degenstoß, und er fällt nicht einmal.« Wenn die Dinge schwierig werden, wird es auch schwieriger, sie wieder einzurenken. Endlich starb der Stier und streckte alle viere von sich. Ich aber war endgültig erledigt. Wenn man einen Stier tötet, dann ist es, als ob ein Tag zu Ende geht, und der nächste Stier ist wie ein neuer Tag. Ein guter Stier ist wie ein guter Tag, er läßt keinen schlechten Nachgeschmack zurück. Zwei schlechte Stiere ermüden den Torero körperlich und geistig und verursachen ein Gefühl des Mißerfolgs, vor allem wenn das Publikum nicht versteht, daß es die Stiere waren, die keinen guten Kampf zugelassen haben. Jeder Stier bestimmt die Art seines Kampfes. Jeder Stier ist eine Welt für sich, und die beiden, die mir an jenem Nachmittag das Los zugewiesen hatte, wurden für mich zum Verhängnis. Simón versuchte, mir wieder Mut zu machen.

Nach der Corrida ging ich noch einmal in die Arena, um das Publikum zu grüßen, nach »Armillita« und Silveti. Ich wußte, daß man mich auspfeifen würde. Das war mir noch nie passiert, aber ich ging hinaus, um mich den Buhrufen des Publikums zu stellen, wie ein guter Berufsstierkämpfer das tun muß. Ich bat den Präsidenten darum, mich zurückziehen zu dürfen, mit hoch erhobenem Kopf. Ein Teil des Publikums pfiff mich aus, während der andere mir aufmunternde Worte und das »Enhorabuena!« zurief.

Dann verließ ich die Arena. Es bildete sich ein Menschenauflauf, um mich zu sehen, mich anzufassen. Durch die Zuneigung des Publikums fühlte ich mich wieder besser. Lupita, die Jungstierkämpferin, die Simóns Freundin bei der Auslosung kennengelernt hatte, schaffte es, zu mir durchzukommen und schenkte mir eine Silberbrosche in Form eines Herzens.

Die Menschenmenge umringte das Fahrzeug. Losfahren. Grüßen. Lächeln. Simón tröstete mich, er meinte, so ginge es den berühmten Toreros eben manchmal, es habe nicht an mir gelegen, das Leben ginge weiter. Pepe, der weiß, wie schlecht ich meine Stimmungen verbergen kann, und dem klar war, wie ich mich innerlich fühlte, sagte ein ums andere Mal, wenn mich jemand anschaute: »Lächeln, immer nur lächeln, fühle dich wie eine Königin.« Denn er behandelt mich auch immer wie eine Königin. Die Menge schloß unseren Kleinbus völlig ein. Simóns Freundin, die mit uns gekommen war, spürte Panik in sich aufsteigen und fragte uns, ob der Wagen gepanzert war. Schließlich schafften wir es, wegzufahren, denn die Polizei bahnte uns den Weg.

Schweigend fuhr ich mit dem Hotelaufzug in mein Zimmer, ohne den Erklärungen Simons etwas hinzuzufügen, die dazu bestimmt waren, aufzumuntern: »Du konntest bei dieser Corrida gar nicht besser kämpfen. Alles, was bei der Corrida geschieht, hängt davon ab, wie gut der Stier ist. Ich verstehe deine Enttäuschung, bei dir ist es anders als bei den anderen Toreros. Wenn die männlichen Toreros heute nicht siegen, dann siegen sie eben morgen. Dein Fall ist ein besonderer: Weil du eine Frau bist, mußt du immer siegen. Daraus entsteht das Lampenfieber, die Beklemmung vor dem Kampf, vor allem, wenn es sich um eine wichtige Corrida handelt. Diese Beklemmung haben alle Toreros, das geht nicht dir allein so, aber bei dir ist es vielleicht schlimmer, weil man jedesmal, wenn du in der Arena stehst, eine neue Legitimation als Stier-kämpferin von dir fordert.«

Ich trat in mein Zimmer. Schweigend zog ich mich um und gab meine Stierkampftracht zum Waschen. In der Dusche würde das Wasser das trockene Blut abspülen und vielleicht auch meine Enttäuschung.

Allein blieb ich so sitzen, ins Handtuch gewickelt, in Gedanken gehüllt. Dann legte ich mich aufs Bett und dachte daran, wie fröhlich und guter Dinge ich gewesen war, als ich mich vor dem Kampf angekleidet hatte. Ich bedeckte mein Gesicht mit dem Handtuch und begann, über alles nachzudenken. Und ich dankte Gott, wie ich es immer tue nach einer Corrida. Die Sache war zwar nicht so gelaufen, wie ich es mir gewünscht hatte, aber wenigstens bin ich lebend zurückgekommen.

Schlechte Zeiten

Die Nachrichten, die von meiner Bestätigung in Mexiko nach Spanien kamen, waren unterschiedlich. Einige Kritiker gaben einfach wieder, was geschehen war, andere machten einen ganz großen Mißerfolg daraus. Es war eine ähnliche Reaktion wie die des Publikums in der Arena, einige pfiffen, so laut sie konnten, und andere ermunterten mich und ließen nicht zu, daß man mich aufgrund dieses einen Kampfes verurteilte.

Der Stierkampfkritiker schreibt für das Publikum, doch meint der Torero manchmal, daß das, was da steht, für ihn bestimmt ist. Und er erwartet, daß der Kritiker die Corrida so schildert, wie er möchte, daß sie geschildert wird. Ich hätte mir einfach gewünscht, daß die Kritik das in der Arena Geschehene objektiv wiedergegeben hätte. Denn es gibt Kritiker, die berichten nicht, *was* sie gesehen haben, sondern nur, *wie* sie es gesehen haben. Manchmal liest man in einer Zeitung den Bericht über eine Corrida, und dann liest man den Bericht einer anderen Zeitung, und es scheint sich um zwei ganz verschiedene Corridas zu handeln. Dabei hat es in der Arena nur eine einzige Corrida gegeben und ist auf eine einzige Art und Weise gekämpft worden.

In meinem Fall gibt es bemerkenswerte Beispiele dafür, denn der unglaubliche Sexismus einiger Kritiker schlägt unweigerlich in den Berichten durch. Sie ertragen einfach nicht, daß eine Frau Stierkämpferin ist. So reden sie lieber übers Kostüm als über den Stierkämpfer. Sie sagen nichts über meinen Kampf, ob er nun gut oder schlecht gewesen ist, und sie erreichen, daß ich mich ärgere.

»Die hübsche, junge Frau mit ihrem blonden Zopf machte eine *verónica* ... «

190

»Mit ihrer allzu kurzen Jacke in Gold und Schwarz bricht sie die Tradition.«

Von Mexiko nach Venezuela. Im Hotel in Valencia fressen uns die Leguane am Rande des Schwimmbeckens beinahe aus der Hand, kleine Dinosaurier, die die Bäume bevölkern und über den Rasen laufen, ohne sich darum zu kümmern, daß sie eigentlich der Vorgeschichte angehören. Wir werden eingeladen zum Essen im Hause des Gouverneurs der Provinz Carabobo, machen einen Ausflug auf die Morrocoy-Inseln und die Bekanntschaft mit Juan Cruz, einem venezolanischen Unternehmer. Isla Sombrero. Isla de los Pájaros. Traumstrände, kleine Buchten, Sand aus gemahlener Koralle. Maracucho, der uns immer mit seinem Lächeln begleitet. Ein Flug in der Privatmaschine von Juan Cruz. Ich versuche, mich von der Erschöpfung zu erholen, die sich meiner bemächtigt hat. Langsam bekomme ich wieder Lust auf den Stierkampf.

In Valencia ging starker Wind. Die Corrida hätte eigentlich abgesagt werden müssen. Der windige Nachmittag ließ uns nicht vernünftig kämpfen.

Manchmal regnet es ein wenig, und die Corrida wird abgesagt, obwohl man kämpfen könnte, denn der Boden ist nicht rutschig. Es ist angebrachter, eine Corrida wegen zu starken Windes als wegen Regens abzusagen. Dennoch wurde noch nie eine Corrida wegen zu starken Windes abgesetzt. Wenn es nach mir gegangen wäre, dann hätte man an jenem Tag in Valencia die Corrida abgesagt. Manche Arenen müßten, wenn möglich, überdacht werden, damit die Toreros ihnen nicht irgendwann fernbleiben.

Meine Stimmung wurde nicht besser. Den letzten Rest gab mir Sancristóbal. Das Schlimmste, was einem Torero passieren kann, außer, daß der Wind zu stark weht, ist, daß man ihm den Stier zurück ins Gatter schickt. Es bedeutet vielleicht nicht gerade das Ende seiner Karriere, aber es ist ein starker Rückschlag, so, als ob nicht er den Stier, sondern der Stier ihn bezwungen hätte.

In Sancristóbal begann der Stier, in der Arena Runden zu

drehen. Ich versuchte, ihn zu töten, stach jedoch daneben. Das Tier lief weiter im Kreis umher, und ich stach weiter daneben. Die erste Mahnung. Die zweite Mahnung. Der Stier ließ sich nun überhaupt nicht mehr bändigen, ließ sich nicht töten. Die Regelzeit war abgelaufen, und ich hatte ihn nicht getötet. Dritte Mahnung. Man schickte den Stier ins Gatter zurück. Er entkam mir lebend, und ich hätte sterben mögen. Das Publikum verharrte schweigend, als Zeichen der Achtung. Der Torero ist für den Stier verantwortlich, bis ihn die Maultiere tot aus der Arena schleifen. In diesem Fall mußten ihn die *cabestros*, die dazu abgerichteten Ochsen, aus der Arena geleiten, und auch dafür war ich verantwortlich. Das Publikum stand hinter mir, schweigend. Ich hätte heulen mögen, aus der Arena laufen mögen, ohne meinen zweiten Stier zu töten. Ich hatte das Gefühl, irgendein Fluch laste auf mir.

Mein Vater und Pepe versuchten mich zu beruhigen.

»Mach dir nichts draus, du hast ja noch einen Stier«, meinte mein Vater.

»Das ist weder das erste noch das letzte Mal, daß das passiert. Die Zeit ist eben abgelaufen, und er war noch am Leben, das ist alles«, fügte Pepe hinzu.

Ich war jedoch kaum zu trösten. »Wenn man mir noch einmal einen Stier ins Gatter zurückschickt, kämpfe ich nie wieder!«

Der Degen, die Besessenheit, die Ohnmacht. Vielleicht taugte ich einfach nicht dazu, Stiere zu töten. Die Mittel suchen, um den Rückschlag zu überwinden. Trainieren und nochmals trainieren, und in der Lage sein, das Geschehene zu vergessen. Weiterkämpfen. Bogotá.

Im Hotel in der kolumbianischen Hauptstadt kam die Begeisterung zu mir zurück. Ich hatte mich schon umgezogen, war bereit, zur Arena zu fahren, wartete darauf, daß meine *cuadrilla* mich holen kam. Ich nahm einen Kleiderbügel, der auf dem Bett liegengeblieben war, hielt ihn wie eine *muleta* und ahmte damit ein paar Stierkampffiguren nach, rechts, links, mit geschlossenen Füßen.

Ich sammelte meine Kräfte. Dies war ein neuer Stier, eine neue Corrida, ein neuer Abschnitt.

Die Reise ging weiter. Die Stierkampfarena »La Macarena« in Medellín. Im Hof der *cuadrilla* höre ich hinter mir: »Wie schön sie aussieht, in ihrem Kostüm!«

»Welch ein Anblick, eine Frau in einer Stierkämpfertracht!«

»Hast du sie schon einmal kämpfen gesehen?«

»Nein.«

»Großartig, wirklich großartig!«

Weiße, grüne, gelbe, rote, blaue Regenmäntel, die Ränge farbenfroh im Regen. Das Publikum sang die Hymne der Provinz Antioquía, deren Hauptstadt Medellín ist: »O Freiheit, die du den Lebenssäften meiner Erde ihren Duft verleihst!«

Meiner Erde. Im Rhythmus der Musik wächst patriotisches Gefühl. Die Fremde.

Flughäfen, Hotels, langes Warten, Kofferpacken. Die Fremde. Weit weg von meiner Mutter, meinen Schwestern. Bei einem der langen Aufenthalte auf einem der zahllosen Flughäfen, die uns die Zeit vertreiben sahen, brachte man meinem Vater ein fünfeckiges Stückchen Butter.

»Seht nur, die Landkarte Spaniens!« rief er aus und hielt es dabei hoch, damit wir es alle sehen konnten.

»Das ist eher die Iberische Halbinsel«, gab Pedro Roig zurück.

»Im kommenden Jahr reise ich nach Spanien«, warf Maracucho ein und sah auf die Butter. Dabei lächelte er, als sei sein Lächeln die Ankündigung eines Traums.

Wir alle berieten meinen Vater, welche Stückchen er wegschneiden mußte, um daraus wirklich die Form Spaniens zu machen. Er schnitt ab, bis es stimmte: Das nennt man Heimweh.

Es ist nicht leicht, sich zu erholen. Die allzugroße Erschöpfung, die ich verspürte, machte es mir noch schwerer. Ich brauchte Entspannung. Ich überlegte ernsthaft, meine Amerikatournee vorzeitig zu beenden. Wollte aufhören, mich immer wieder zwingen zu müssen. Psychische Lustlosigkeit, körperliche Erschöpfung: doppelte

Ermüdung. Ich dachte darüber nach, daß ich meinen Körper nicht weiter so mißachten konnte, wie ich es gerade tat.

Ich beschloß, die Tournee abzukürzen. Das geht allen Toreros irgendwann einmal so: Das Gefühl, übersättigt zu sein, zu viele Corridas hinter sich zu haben.

Zu meiner Müdigkeit gesellten sich Verletzungen an der Schulter und am Knöchel, Resultate des Stoßes, den mir der Stier in Mexiko verpaßt hatte. In der Arena machten sie sich bemerkbar, es war wirklich besser und vernünftiger, die Saison zu beenden. Ich hatte noch fünf Corridas zu kämpfen, das war eine Menge Geld. Aber ich entschied, daß es für meine Glaubwürdigkeit als Torero wichtiger war, in der Arena ein gutes Bild abzugeben, vor allem im professionellen Sinne. Man darf nicht einfach nur in eine Arena treten, um Geld zu verdienen, das hieße, das Publikum zu betrügen. Für mich ist das Publikum heilig, ich möchte es nicht betrügen. Man darf das Publikum nicht enttäuschen. Ich beschloß, die Saison zu beenden.

Ich sprach mit meiner *cuadrilla*. Sie waren einverstanden, obwohl meine Entscheidung sie Geld kostete, auf das sie eigentlich angewiesen waren. Sie kennen mich jedoch gut.

»Cristina, wir finden, daß du müde aussiehst, du wirkst nicht so fröhlich wie sonst immer«, meinte Pedro zu mir.

»Um uns mach dir keine Sorgen. Mach nur, was du für richtig hältst«, fügte Pepe hinzu.

Es bedurfte keiner besonderen Anstrengung, damit sie mich verstanden.

»Ich denke schon eine Weile darüber nach.«

»Denk nicht weiter drüber nach. Wir unterstützen dich, was du auch entscheiden magst.«

»Ja, natürlich, was du auch entscheidest.«

»Ich bin erschöpft, ich brauche Erholung, laßt uns nach Hause fahren.«

In Spanien jedoch wäre es mir unmöglich, mich zu erholen. Deshalb rief ich Simón an, der von Mexiko aus direkt nach Europa zurückgekehrt war.

194

»Ich reise mit ein paar Freunden nach Miami. Wenn ich nach Spanien komme, habe ich keinen Augenblick Ruhe. Ich weiß ganz genau, wenn ich erst einmal in Spanien bin, dann kann ich den Verpflichtungen nicht entkommen. Ich muß mich verstecken, mal sehen, wo ich einen Platz zum Urlaubmachen finde.«

Ich traf diese Entscheidung ganz allein, ohne zuzulassen, daß die Angst vor dem, was die anderen denken könnten, mich dabei bremste. Ich war entschlossen, nicht einmal zu gestatten, daß man mich umzustimmen versuchte. Ich mußte an Sicherheit gewinnen, meine Entschlußkraft festigen, den anderen zeigen, daß ich für meine Handlungen selbst verantwortlich war. Ich beschloß, eine Woche Urlaub vom Stier zu nehmen. Eine Woche, ohne an irgend etwas zu denken.

In Spanien erwarteten mich Konflikte. Die Corrida mit Jesulín de Ubrique, der sich im Jahr zuvor geweigert hatte, mit mir zusammen in einer Arena zu kämpfen, weckte zweifellos eine Menge Erwartungen, ich mußte in bester Form zurückkehren. Ich benötigte jetzt dringend eine Pause, ganz ohne zu kämpfen, um es dann mit um so größerer Lust wieder tun zu können. Ich kenne mich, ich weiß, wenn ich eine Woche lang nichts tue, dann habe ich danach wieder Lust zu trainieren, Lust zu kämpfen. Ich mußte den Spaß daran zurückgewinnen.

Meine Bekanntheit machte es notwendig, daß ich mich versteckte. Einen Ort suchte, wo ich unerkannt bleiben konnte. In Südamerika fand ich kein Land, in das ich reisen konnte. Chile oder Argentinien hätten Zufluchtsorte sein können, weil es dort keinen Stierkampf gibt, doch war ich in beiden Ländern gerade erst vor kurzem im Fernsehen erschienen, und ich hatte Angst, erkannt zu werden.

Ich mußte das Gefühl loswerden, belagert zu sein, brauchte einen Ort, wo man mich in Ruhe ließ. Ich dachte an die USA, aber die Tatsache, daß ich kaum Englisch spreche, fügte den schon bestehenden ein weiteres Problem hinzu: die Angst davor, mich nicht verständigen zu können. Doch Miami ist ein Ort, an dem überwiegend Spanisch gesprochen wird, und es würde mir die nötigen Bedingungen bieten, um die Ruhe zu finden, die ich so dringend brauchte.

Die Lösung war also Miami.

Juan de Alba, der mit seiner Fröhlichkeit und Freude alle ansteckt, war mein Fremdenführer, er zeigte mir die Plätze mit spanischem Flair, wo die Amerikaner im Flamenco schwelgen. Nancy, die Frau von Belarmino Pinilla, und ihre Tochter Luz führten mich zu den schönsten Stränden und machten mit mir Ausflüge in die Umgebung. Der Fotograf, der eine Reportage über die Morrocoy Islands gemacht hatte, gab mir die Gelegenheit, Key Largo kennenzulernen, Humphrey Bogarts alte Wohnstatt. Und ich war endlich wieder verliebt und konnte diese Liebe auch leben.

Es vergingen angenehme Tage ohne jeglichen Druck.

Ich genoß es, unerkannt Ausflüge zu machen. Nicht an den Stier denken zu müssen. Meine Küsse nicht verstecken zu müssen. Unbemerkt leben können, bis zum Tage, als ich wieder nach Spanien zurückkehren mußte.

Das Schicksal wollte jedoch, daß mich ein Paparazzo, im Schutze der Entfernung und meiner eigenen Naivität, eines Morgens am Strand aufspürte und fotografierte. Die Fotos kamen vor mir in Spanien an und wurden ohne Kommentar in Zeitschriften veröffentlicht, die Information mit Sensation verwechseln, die das Privatleben der »Berühmten« für eine legitime Beute zum eigenen Nutzen halten und nicht zwischen denen unterscheiden, die sich ihre Berühmtheit erkaufen, und denen, die diese nur durch die Ausübung ihres Berufes erlangen.

Ich beklage mich nicht über meine Bekanntheit, auch wenn sie mir manches Mal eine schwere Last zu sein scheint, und mich dazu zwingt, mich zu verstecken. Ich danke den Aficionados, dem Publikum und der Presse für das, was sie für mich tun, für die Anerkennung meiner Arbeit und für die Sympathie, die sie mir entgegenbringen. Ich brauche den Ruhm, aber ich genieße und erleide ihn gleichzeitig.

In Miami erlebte ich auch diese beiden Seiten des Ruhms: Man belauerte mich und fügte mir Schaden zu, aber man erkannte mich auch und freute sich, mich zu treffen. Wie zum Beispiel die Fans in einem Restaurant, wo ich meinte, daß mich niemand beachten würde. Und in Key Largo wuchs mein Stolz: »Hier kann mich wirklich niemand kennen«, dachte ich, als sich mir plötzlich eine Dame näherte, beinahe drohend mit dem Zeigefinger auf mich wies und meinte: »Ich habe dich in Mexiko gesehen.«

Jesulín

Mit neuen Kräften kam ich nach Spanien zurück, und bei der ersten Corrida der Saison, in Almería, nahm ich den Sand der Arena in die Hand und küßte ihn. Man hatte mir zwei Ohren zugestanden.

»Den Schwanz, den Schwanz!« schrie das Publikum, und auf den Rängen hallten die Hochrufe in der Luft. »Morgen kann ich nicht mal mehr das Geschirr abwaschen, soviel habe ich geklatscht!« rief eine Frau, während sie immer noch applaudierte.

Ich verließ die Arena auf den Schultern von Eduardo, der mir quer durch ganz Spanien folgt, von Stadt zu Stadt, für den Fall, daß ich siege. Er will immer mein Träger sein, und niemand kann sich erklären, wie er das macht. Er reist nachts, per Anhalter, im Zug, mit dem Bus, oder sogar zu Fuß, ist uns immer einen Schritt voraus und schafft es, vor mir in allen Arenen zu sein.

Meine Verzweiflung über die Probleme, die ich mit dem Töten hatte, schwand dahin.

Doch Schwierigkeiten gibt es immer. Und Schlachten, die nicht ohne Wunden geschlagen werden.

Die Weigerung einiger Toreros, gemeinsam mit mir in der Arena zu stehen, schmerzt mich. Ich weiß, daß es berühmte Namen gibt, denen man dies noch nicht einmal vorschlagen darf. Ich fühle mich ohnmächtig, wenn sie mir auf diese Weise nicht einmal Gelegenheit geben, die Ablehnung mit Würde zu empfangen. Sich verstecken heißt die Existenz des anderen verneinen, nicht die eigene. Nein, die Ablehnung ist nicht die schlimmste Beleidigung. Manchmal gibt mir die Ablehnung sogar Kraft zum Weiterkämpfen, sie zeigt mir, daß die Flinten immer noch geladen sind, und zwingt mich zur Flucht nach vorn. Deshalb war es für mich eine große Freude, gemeinsam mit Jesulín de Ubrique zu kämpfen, dem einzigen Matador, der das bis zu jenem Augenblick abgelehnt und dies auch öffentlich bekannt hatte.

Es hieß, Jesulín sei der Torero der Frauen, jemand, der seine Corridas nur für sie kämpfte. Und dann wollte er nicht gemeinsam mit einer Frau in der Arena stehen. Ein Widerspruch, den nicht einmal seine eigenen Fans akzeptieren konnten. Das, was der Stier dir gibt, nimmt er dir auch wieder, heißt es. Dasselbe könnte man vom Publikum sagen, und er enttäuschte das seine, vor allem die Frauen.

»Ich bewundere dich sehr«, hatte er mir in Cali gesagt, »laß uns gemeinsam kämpfen, das vom letzten Jahr wollen wir vergessen.« Es war am Silvesterabend, als wir uns versöhnten.

Jesulín handelte, als es an der Zeit war, und nahm seine früheren Aussagen zurück, indem er mit mir bei einem *mano a mano* in Castellón in die Arena ging, nach einem Jahr der Auseinandersetzung.

Castellón feierte das Fest seines Schutzheiligen, die ganze Stadt bebte vom Lärm des Feuerwerks. Die Straßen strahlten im Glanz der Lichterketten, und auf allen Plätzen verbreitete sich die anstekkende Fröhlichkeit des Festes. Die Musikkapellen vermischten sich mit den Fußgängern, die ihren Zug begleiteten.

Der Stierkampf war ein wichtiger Bestandteil der Feria. Das Plakat kündigte die Veranstaltung als ein »sensationelles *mano a mano*« an.

Auch die Stierkampfarena war erfüllt von dem Flair des Festes. Große Tücher in den traditionellen Webmustern schmückten die Ränge, und einige Frauen kamen mit Schleier und Haarspange; in einigen Arenen hat die Tradition wirklich noch überlebt.

Gern hätte ich die Zeit erlebt, als die Frauen noch am Tage der Corrida mit dem Schleier durch die Straßen gingen und auf diese Weise zeigten, daß sie zum Stierkampf gingen. Und die Männer im Anzug und mit dem Hut auf dem Kopf. Aber in Spanien bröckelt diese Tradition mehr und mehr ab. Ich erinnerte mich an die Arena in Mexico City, wo die Männer Hüte tragen, und auch außerhalb der Arena tragen sie in den kleinen Städten und Dörfern Hut und die Kleidung der Viehtreiber, der *charros*. Hier in Spanien gibt man nicht so viel auf Tradition, auf dem Lande treibt man das Vieh mit einer Mütze oder überhaupt nichts auf dem Kopf, und die traditionelle Kleidung trägt man nur an Tagen des Probestierkampfes, sonst jedoch nie. Früher trug man diese Tracht schon am Morgen, sie war wie eine Uniform. Das weiß ich von meinem Reitlehrer Eduardo Estangüy, der mir viele Fotos davon gezeigt hat. Er erzählt mir gern aus seiner Jugend, als er Aufseher in der Zucht von Domingo Ortega war, eine Berühmtheit. Damals trug er einen hohen Hut – heute sind sie eher flach –, und er trug den ganzen Tag über seine Tracht . . . Traditionen, die nach und nach verlorengehen.

Jesulín de Ubrique kam im Hof der *cuadrilla* langsam auf mich zu, küßte mich auf beide Wangen und nahm dann schnell wieder Abstand. Die Fotografen baten ihn jedoch, die Küsse zu wiederholen, und wir posierten noch einmal für die Presse. Wir waren beide angespannt. Als wir in die Arena hinaustraten, begann das Publikum zu pfeifen. Man nahm dem Meister seine Haltung vom vergangenen Jahr übel. Jesulín ging düster schweigend neben mir her.

Er widmete mir den ersten Stier.
»Wir wollen das alles vergessen, du weißt am besten, daß ich persönlich nichts gegen dich habe«, meinte er.
Ich widmete meinen ersten Stier dem Publikum, warf meine Mütze in die Luft, und sie landete mit der Öffnung nach oben auf dem Boden. Ich sehe ihr nie nach, wenn ich sie werfe, doch ich weiß, wie sehr die Abergläubischen sich fürchten, wenn das Publikum mich bittet, meine Mütze umzudrehen. Manche sehen in der umgedrehten Mütze einen offenen Sarg. Ich bin nicht abergläubisch, ich fürchte mich schon genug, als daß ich noch neue Gründe dazu brauchte. Nicht einmal der dreizehnte eines Monats

hat für mich eine Bedeutung, obwohl meine erste Hornverletzung an einem dreizehnten passierte, und die zweite am dreizehnten des darauffolgenden Monats. Zwei Jahre später kämpfte ich in derselben Arena, wo mich das erste Mal ein Stier erwischt hatte, es passierte wieder etwas, und ein Stier trat mir ins Gesicht, und auch das geschah an einem dreizehnten. Mein Vater hat eine schreckliche Angst vor dem dreizehnten, immer wenn ich an einem solchen Tag kämpfen muß, wird er furchtbar nervös. Ich glaube aber an die Fügung des Schicksals: Es geschieht, was geschehen muß. Wenn man versucht, den natürlichen Lauf der Dinge zu ändern, dann laufen sie erst richtig falsch und geschehen doch so, wie sie geschehen mußten.

Ich veränderte also die Lage meiner Mütze nicht, sondern brachte den Stier in die Mitte der Arena, und er trat darauf und drehte sie um. Ich hörte, wie es von den Rängen Beifall gab.

Meinen zweiten Stier widmete ich einer Freundin, die gerade geheiratet hatte. Nach der Corrida erzählte sie mir, dies sei das schönste Hochzeitsgeschenk gewesen, das sie bekommen hätte, und sie sei so nervös geworden, daß sie nicht gewußt habe, was sie mit der Mütze anfangen sollte. Sie hätte so stark gezittert, daß sie meinte, die Mütze müsse ihr aus der Hand fallen.

Den dritten Stier widmete ich Jesulín de Ubrique. Die Mißstimmungen ausräumen. Hinter mir fragte auf den Rängen eine Frau: »Das ist doch abgesprochen, nicht?«

Das Weideland

Zu Pferd über das Weideland reiten, auf dem Gesicht die Sonne und den Wind spüren. Der freie Raum, die Weite. Und die Möglichkeit haben, die Stiere in ihrer eigentlichen Umgebung zu beobachten. Sie an den Zäunen schnauben hören, fast wie ein Schnurren. Ein langsames, langgezogenes Brüllen, das von weither klingt. Die Nähe des Tieres spüren, ohne sich auf seinen Angriff vorbereiten zu müssen. Sich mit dem Aufseher den Jungtieren nähern, sehen, wie sie gebaut sind. Ihr Ausdruck, ihre Erscheinung.

Es gibt Stiere mit Gesichtern wie kleine Teufel, mit nach hinten stehenden Augen, aggressive, verrückte Gesichter; und dann gibt es wiederum welche, die haben Gesichter wie Kinder, gutmütig und vorwitzig. Manche haben kurze Schnauzen, sehen aus, als würden sie später gut angreifen, andere dagegen haben so freundliche Gesichter, als ob sie keiner Fliege etwas zuleide tun könnten, selbst wenn sie Hörner so dick wie Arme tragen.

Auf dem Land hat der Torero Gelegenheit, die verschiedenen Zuchten kennenzulernen. Die Gestalt und den Körperbau der Stiere zu studieren. Und auf dem Land lernt man das Verhalten der jungen Kampfstiere kennen, verschieden je nach ihrer Zucht. All das nützt einem später in der Arena. Je nach seinem Stammbaum und dem Blut, das er in sich trägt, werden die Reaktionen des Stiers ausfallen, die ihrerseits wiederum das Verhalten des Toreros bestimmen. Es ist wichtig zu wissen, was das Typische jeder Zucht ist. Das Fell. Die Farbe. Die Größe. Die Erfahrung der Züchter hilft dem Torero: »Die Braunen aus dieser Zucht sind gut.« »Wenn sie hochgebaut sind, wollen sie nicht angreifen, wenn sie die Hörner nach oben tragen, sind sie gut.« Es hilft, wenn man die möglichen Reaktionen des Stiers kennt, denn der Stierkampf ist ein Theaterstück, das keine Proben kennt, bei dem die Schauspieler keine Möglichkeit haben, die Dialoge mit ihrem Partner zu üben.

Der Torero genießt es, diesen Partner kennenzulernen, der ihm die Gelegenheit geben wird, vor dem Publikum zu brillieren. Doch ist es nicht seine Aufgabe, den Stier auszuwählen, gegen den er kämpfen wird, zu entscheiden, welcher von all denen, die er da frei laufen sieht, ihn in die Arena begleiten wird. Es sind die Manager der Toreros, die diese Entscheidung treffen müssen. Und bei mehr als einer Gelegenheit ist das für sie eine Qual.

Für Simón Casas ist diese Auswahl eine Grausamkeit, die darin besteht zu wissen, daß er über den Schritt vom Leben zum Tode bestimmen kann. »Was mir beim Stierkampf am schrecklichsten vorkommt, das einzig Schreckliche überhaupt, ist, daß es einen Moment gibt, in dem ein Mensch, und das ist nicht einmal der Torero selbst, entscheidet, daß ein Lebewesen sterben wird. Das ist ein philosophisches Problem. Es ist ein grausames Problem. Ich bin Stierkampfmanager, ich muß entscheiden, aber es überfällt mich ein entsetzliches Gefühl, wenn ich aufs Land hinaus muß, um eine Gruppe Stiere für eine Corrida auszuwählen. Sechs Stiere. Man zeigt mir fünfzig verschiedene Tiere, und ich muß daraus nach meinen Kriterien sechs aussuchen. Und obwohl diese Kriterien objektiv und professionell sind, werde ich mich wie ein Richter fühlen, der über Leben oder Tod entscheidet. Oft fühle ich mich kaum in der Lage, die Verantwortung zu übernehmen und auszuwählen, welcher von ihnen sterben soll. Es ist ein rein intellektuelles Leiden, ich leide nicht, weil der Stier sterben wird, ich leide, weil es mich wahnsinnig macht, daß jemand, in irgendeinem beliebigen Augenblick, über den Tod bestimmen kann. Das will mir einfach nicht in den Kopf. Meine Kritik hat nichts zu tun mit derjenigen derer, die gegen den Stierkampf sind, weil ein Tier leidet. Ich würde nur deshalb etwas gegen den Stierkampf sagen, weil ich niemandem das Recht zugestehe, über den Tag und die Stunde des Todes zu bestimmen. Der und der Tag, die und die Stunde, der und der Ort. Der Stier läuft frei auf der Weide umher, weiß nichts von seiner Verurteilung. Die Brutalität besteht nicht darin, ihn zu töten, sondern seinen Tod vorherzubestimmen. Das ist die größte Grausamkeit. Es ist viel grausamer, den Tod vorherzubestimmen, als selbst zu töten.«

Der Probestierkampf

Wann immer es mir möglich ist, gehe ich zum Trainieren auf das Gut von Silvia Camacho, das »La Quinta« genannt wird.

Zu Beginn meiner Karriere hatte ich kaum Kontakte, und Silvia bot mir ihre Hilfe an. So begann unsere Freundschaft, sehr professionell, zwischen Züchter und Stierkämpfer. Sie wollte mich unterstützen, wie sie das immer mit den Toreros macht, die erst am Anfang stehen. Doch außerdem war sie eine Frau in einer Männerwelt, so wie ich auch.

Silvia stammt aus einer Viehzüchterfamilie, wuchs an der Seite ihres Großvaters auf, bewegte sich immer in Stierkampfkreisen. Mit fünfzehn hatte sie ihren ersten Zuchtstier, der später nach Ecuador verkauft wurde. Die Stiere kämpften unter ihrem Namen in der Arena, sie wurde Züchterin. Sie besitzt die Leidenschaft für den Stier, die ein guter Züchter haben muß, dieselbe Leidenschaft, von der auch Gonzalo Domecq besessen ist. Auch er ist Züchter aus Familientradition, seit seinem dreiundzwanzigsten Lebensjahr führt er seine Zucht. Beide züchten ihre Stiere in einer von der Viehzucht geprägten Gegend, an der »Straße der Stiere« zwischen Jerez und Alcalá de los Gazules, an der es fünfzehn Kampfstierzuchten gibt.

Gonzalo Domecq teilt Silvias Leidenschaft als Stierzüchter und meine Leidenschaft als Torero. Er nimmt an Festivals teil und an den Probestierkämpfen, die er auf seinem Gut abhält, und wenn ich auch dort bin, kämpfen wir gemeinsam. Gonzalo verfolgt seine beiden Leidenschaften mit der gleichen Intensität: »Der Stierkampf verschafft große Befriedigung, aber gleichzeitig hilft er mir, Stiere zu züchten, weil man dabei lernt, die Schwierigkeiten und Vorzüge der Tiere besser zu beurteilen und zu schätzen. Mich dem Stier entgegenzustellen hilft mir bei seiner Auswahl. Und der Stierkampf hat seine Faszination. Wenn man dem Angriff des Stiers standhält, wenn dieser genau das macht, was man will und man, mit Intelligenz und Technik, den Ansturm eines solchen Tieres lenken kann, dann ist das einfach faszinierend. Die Stierzucht ist grundlegend für die Kunst des Stierkampfs. Der Stierzüchter wählt einen Charakter aus, den Charakter des Stiers. Und von dieser Wahl hängt das Verhalten des Stiers in der Arena ab. Doch zeigt sich dort der Charakter des Stiers nicht notwendigerweise so, wie er ist, er hängt vielmehr von einer Reihe von Faktoren ab, für die der Züchter nicht verantwortlich ist: dem Wetter, der Fahrt, die er hinter sich hat, dem Umgang mit den Tieren auf dem Transport ... Oder vielleicht kann auch ein Tier mal einen schlechten Tag haben.

Der Züchter verschafft die notwendigen Bedingungen, die den Zauber möglich machen, doch hat er keinen Einfluß mehr darauf, sobald der Stier die Weide verläßt. Wenn alles stimmt und der Stier glänzend kämpft, tobt das Publikum vor Begeisterung. Dann ist der Stolz des Züchters riesig, denn er hat dazu beigetragen, ein echtes Kunstwerk zu schaffen.«

Ich teile die Ansicht Gonzalo Domecqs, wenn er sagt, daß der Torero, in einem bestimmten Augenblick seines Lebens, die Techniken des Stierkampfs auf eine Weise beherrscht, daß tatsächlich Kunst und Schönheit entsteht. Das nennen wir Inspiration, das harmonische Zusammenspiel von Torero und Stier. Und vielleicht kann er das, was er in dem einen Moment schafft, in einem anderen nicht wiederholen.

»Das Kunstwerk, das der Torero schafft, ist ganz und gar flüchtig. Es währt nur so lange, wie es dauert, es zu erschaffen. Der Aficionado, der es zu schätzen weiß, bewahrt es sich in seiner Erinnerung, in seiner Vorstellung. Doch Schönheit und Geheimnis des Stierkampfs bestehen gerade darin, daß er vergänglich ist, daß man den Moment nicht festhalten kann, denn auch wenn man ihn fotografiert, ist es nur eine Abbildung. Sein eigentliches Wesen ist unwiederbringlich. Der Probestierkampf dient dazu, unter den

Zuchttieren den Stier auszuwählen, mit dem man später das Kunstwerk in der Arena erschaffen wird.«

Der Probestierkampf. Wo der Torero den Druck des Publikums vergißt, die Verantwortung, die Angst vor dem Mißerfolg. Wo der Stierkampf nichts als Spaß bereitet. Wo man die Arena mit den Aficionados teilt, die auf dem Zaun sitzen. Die, die noch keine Berühmtheiten sind, noch keinen Namen haben, nicht die Züchter darum bitten können, ihnen ganz allein einen Stier in die Arena zu schicken, und die dort sind, wo sie immer gewesen sind: auf dem Zaun. Dort sitzen sie und warten, daß der *maestro* mit dem Stier fertig ist, um dann die Figuren machen zu können, die der Züchter ihnen noch zugesteht. Noch eine Figur. Und noch eine. Die, die auf dem Zaun sitzen, möchten selbst kämpfen. Und trotzdem spüren sie die Angst. Wenn sie die Situation unter Kontrolle haben, ist auch die Angst vorbei. Hoffentlich lassen sie mich kämpfen, denken sie, wenigstens noch eine Figur, wenigstens noch eine. Ganz tief drinnen sind sie schon richtige Stierkämpfer. Sie rufen den Stier, und der Ruf dringt aus ihrem tiefsten Innern. Die Stimme der Toreros kommt von ganz tief drinnen oder sie kommt gar nicht.

Manche werden später in die Dörfer und kleinen Städte gehen, wo bei den Amateurstierkämpfen noch gegen einen kleinen Obolus gekämpft wird, und wo sie nach dem Kampf mit ihrem Mantel die Münzen einsammeln werden.

Der Probestierkampf. Das Schnauben des Stiers in der leeren Arena. Sein Speichel spinnt in der Sonne glitzernde Silberfäden in den Sand. Den Augenblick genießen.

»So, siehst du, genau so, langsam, laß sie dich nicht überraschen. Nimm die Hand nicht so weit runter. Gut so, Cris, gut. Bleib stehen. Bleib stehen. Und nicht so schnell«, ruft Pepe vom Plankenschutz aus. Der zweijährige Stier folgt meiner *capa*, nimmt den Kopf herunter und fällt schließlich in den Sand.

Er braucht einige Zeit, um wieder aufzustehen, steht eine Weile verwirrt, als hätte er schon genug, doch nein. Und der Hall von

Pepes Zurufen mischt sich mit dem Schnauben des Tiers, das sich jetzt mit einem Brüllen erhebt, das wie eine wütende Klage klingt.

Ich versuche ein paar Manöver.

»Die ist ein Torero«, höre ich einen Aufseher hinter mir sagen, und ein zweiter antwortet: »Ja, das stimmt.«

»Ich finde ihn geeignet«, sage ich zum Züchter, der sich die ganze Zeit über Notizen macht.

Und dann kommen die Jungs in die Arena, zwei oder drei, die auf dem Zaun gewartet haben, gerade so viele, wie es der Züchter zuläßt, um gegen einen schon von mir bekämpften zweijährigen Stier zu kämpfen.

Sie wechseln sich miteinander ab. Wollen auch Toreros sein. Manche kommen schon um drei Uhr morgens aufs Land hinaus, um erster zu sein, oder wenigstens unter den ersten, und die Gelegenheit zu haben, ein paar Figuren auszuführen. Auf Viehauktionen oder direkt von den Matadoren erfahren sie, wo die Probestierkämpfe stattfinden.

Pepe plaudert mit der Gruppe, erinnert sich dabei vielleicht an seine eigenen Anfänge, während die Jungs ihre Instrumente einsammeln, glücklich darüber, daß sie die Gelegenheit zum Kämpfen hatten.

»Weshalb willst du Stierkämpfer sein?«

»Weil ich viel Geld verdienen und ganz reich werden möchte.«

»Und nur, um reich zu werden, gehst du das Risiko ein, dabei umzukommen?«

»Ich träume davon, reich zu werden und ein eigenes Gut zu haben.«

»Macht dir der Stierkampf keine Angst?« fragt Pepe einen der Jungen, einen Knaben, der nicht älter als dreizehn sein mag.

»Natürlich habe ich Angst. Ich bin ein Torero, der viel Angst hat. Aber vor allem spüre ich die Verantwortung.«

»Und du, warum willst du Stierkämpfer werden?«

»Weil mir der Stierkampf Spaß macht«, antwortet ein Junge von vielleicht sechzehn Jahren, groß, schlank und hübsch, »und weil ich berühmt werden will. Ja, und reich werden möchte ich natürlich auch. Der Stierkampf soll mein Beruf sein, das Leben genießen, schöne Frauen . . .«

»Mit dem Stierkampf das Leben genießen?« fragt Pepe lachend.

»Ja klar, Mann! Das Leben, das ein Stierkämpfer im Winter führt, ist doch der reine Luxus!«

Alle redeten plötzlich auf einmal, stolz und überrascht, daß ein Torero sich so lange mit ihnen abgab.

»Meine Freunde und ich haben zusammen eine Wohnung gemietet, sie stammen aus Algeciras und ich aus Sevilla. Wir haben diese Wohnung genommen, um den ganzen Winter über hier sein und zu den Probestierkämpfen gehen zu können. Normalerweise kommen wir schon ganz früh am Morgen, um einen guten Platz zu haben.«

»Wir besuchen die Stierkampfschule in Algeciras.«

»Meine Schule ist hier auf dem Land.«

»Wollen Sie wissen, wie wir heißen?«

»Natürlich! Ich werde stolz darauf sein, euch kennengelernt zu haben, wenn ihr erst einmal berühmt seid«, antwortete Pepe.

Der »Niño de Osuna«, Álvaro Nuñez. Javier Sánchez. José Olivencia.

»Und du, wie heißt du denn, ›Rey de las capeas‹?«

»Das ist ein Scherz von denen da, ich heiße Juan Vázquez Vega. Bin seit 57 Jahren Torero, der beste Spaniens, und ich kann es genausowenig lassen wie alle anderen hier. ›El Cantito‹ ist mein Spitzname, aber die hier nennen mich ›Rey de las capeas‹, der König der Amateure.«

Auf dem Land

Die Auswahl des Kampfstiers beginnt bei der Mutter. Um die Mutter eines Stiers auszusuchen, der in der Arena sterben wird, ist zuvor eine Kette des Lebens geschaffen worden: die Weideviehzucht. Es würde die Stierzucht nicht geben, wenn es keine Corridas gäbe. Doch nicht nur Stier und Kuh sind für eine Stierzucht notwendig, sondern die gesamte Umgebung: das zur Stieraufzucht notwendige Gelände, die Schlangen, der Klatschmohn, die Blumen. Das Weideland.

Ich reite über das Gut von Rocío Jurado und José Ortega Cano, bester Laune wegen der Großzügigkeit des Paares, mich hierher einzuladen und diese wunderbare Luft atmen zu lassen. Auf den Weiden sehe ich die Stiere frei laufen, ich bewundere ihre Schönheit, während ich an eine der Theorien von Simón Casas denke, derzufolge der schlimmste Schmerz, der dem Tier zugefügt wird, nicht die physische Aggression ist, wie man meinen könnte, sondern eine existentiellere Form der Verwundung.

»Die schlimmste Verletzung, die der Stier erleiden muß, ist das Eingefangenwerden. Die Stiertreiber gehen mit den Ochsen auf die Weide, um ihn zu holen. Sie treiben ihn, bringen ihn zum Laufen, und er läuft. Und er glaubt, daß sein Lauf im freien Raum enden wird, auf der großen, grünen Wiese, wo er geboren wurde, wo er seine Freiheit hatte. Ohne zu wissen, daß da Zäune sind, die wie ein Trichter zusammenlaufen. Der erste, riesige Trichter bringt ihn in einen etwas kleineren, und von Trichter zu Trichter kommt er schließlich in ein Gatter, zusammen mit fünf weiteren Stieren. Und schon ist er, ohne zu wissen, wie, dem hinterlistigen Spiel der Menschen erlegen: die Individuen aus ihrem natürlichen Umfeld zu lösen, ihrer Identität, ihrer Kraft, ihrer Leidenschaft und ihrer

Träume zu berauben. Der Stier läuft in seiner unermeßlichen Schönheit von Trichter zu Trichter, bis er im Gatter landet. Fünf Stiere begleiten ihn, und seine perplexen Augen spiegeln den ersten geschlossenen Raum wider, den er in seinem Leben zu sehen bekommt. Eine Tür öffnet sich. Drei können hindurch. Eine weitere Tür läßt nur noch einen durch, und jetzt ist er ganz allein. Noch ist er im Gatter des Züchters und kann die Luft atmen und riechen, die ihm bekannt ist. Aber das Spiel geht weiter. Ein Lastwagen, eine neue Tür, die sich öffnet. Der Stier meint, man biete ihm die Freiheit. Er läuft hinaus, ohne zu wissen, daß er in Wirklichkeit hineinläuft, und die Tür schließt sich hinter ihm. Eingeschlossen in einem Käfig, isoliert, gefangen. Fertig für den Transport in die Arena. Man hat ihm nicht das Leben genommen, dafür aber seinen Lebensraum, den Zauber seiner Umgebung, die Schönheit des Seins. Man hat ihn in ein namenloses Tier verwandelt, das nur noch durch die Nummer identifiziert wird, die ihm in die Seiten gebrannt ist.

Er wird seine Identität erst wiedergewinnen, wenn er in die Arena kommt, wenn er seinen Namen zurückerhält. Den Namen, den man ihm gab, als er geboren wurde, und der auf eine Tafel geschrieben wird, wenn er sterben soll. Wenn sein Tod zum Kunstwerk wird.

Das Tor der Arena wird sich öffnen und dem Stier seine Identität zurückgeben. Der Mensch, der vorher für seine Gefangennahme verantwortlich war, gibt ihm das Recht zurück, wild zu sein, anzugreifen. Gibt ihm die Freiheit wieder, die außerordentlichste, die er ihm geben könnte: die Freiheit, dem Menschen das Leben zu nehmen. Der Kampfstier ist eines der wenigen Tiere, denen der Mensch das Recht zugesteht, ihn zu töten. Ist das nicht die grausamste und schönste Freiheit, die der Mensch da vergibt?«

Gefährliche Hörner

»Die Stiere herrichten« ist die freundliche Bezeichnung für das Abschleifen der Hörner des Stiers, ein heikles und gefährliches Thema, das schwer zu behandeln ist, ohne daß sich die Gemüter erhitzen. Eine ganze Menge professioneller Stierkämpfer ist der Ansicht, daß der Streit darüber übertrieben worden ist, sie ziehen es vor, nicht darüber zu sprechen, um dem Thema nicht noch mehr Bedeutung zu geben.

Das Abschleifen der Hörner ist ein Vergehen, denn per Gesetz ist es absolut verboten, die Hörner des Kampfstiers zu manipulieren. Bei den Stierkämpfen muß es genügend Garantien für einen authentischen Ablauf geben. Allerdings ist die Gefahr, die von einem Stier mit abgeschliffenen Hörnern ausgeht, praktisch genauso groß ist wie bei einem Stier mit nicht geschliffenen Hörnern. Er wird nicht weniger gefährlich, nur weil ihm ein bißchen die Hornspitzen genommen werden. Seine Angriffskraft wird nicht weniger, er verliert nicht seine Wildheit, sein Verhalten verändert sich dadurch nicht. Die Gefahr, die von ihm ausgeht, ist immer noch dieselbe wie vorher, und wenn es zu einer Hornverletzung kommt, befindet man sich immer noch in den Händen der Vorsehung.

Ich wünsche mir die absolute Gleichheit mit meinen Kollegen. Zu denken, daß man meinen Stieren die Hörner abschleifen müßte, und das auch zu äußern, zeigt, daß wir den Machismo noch längst nicht überwunden haben. Wir haben Fortschritte gemacht und geben zu, daß eine Frau, als einzelne, sich mit einem Mann vergleichen kann, solange sie nicht gewisse Grenzen überschreitet. Die Männer haben immer noch das Gefühl, uns Frauen beschützen zu müssen, und diese Pflicht, die die Männer sich selbst auferlegen, läßt sie sich als das »starke Geschlecht« fühlen. Und sie denken immer noch, daß eine Frau mehr Angst haben muß als ein Mann. Ich weiß nicht, ob die Angst einer Frau vor einem Stier größer ist als die eines Mannes. Ich weiß nicht, wie die Angst eines Mannes ist, schließlich bin ich eine Frau, aber ich weiß auch nicht, wie die einer anderen Frau aussieht, ich kenne nur meine eigene. Und ich weiß auch, daß die Angst von den einzelnen Personen abhängt, nicht von ihrem Geschlecht. Allerdings wurde schon immer dem Mann mehr Mut zugeschrieben. Es wird der Tag kommen, an dem sie aufhören, mich »beschützen« zu wollen, selbst noch vor meiner eigenen Angst. An dem sie aufhören, sich zu fragen, ob ich in der Arena Torero oder Frau bin, an dem sie endlich begreifen, daß ich professionell meine Verantwortung erfülle und das Risiko einer Verletzung auf mich nehme. Ich weiß, daß ich jeden Nachmittag mit dem Tod konfrontiert bin. Und ich weiß auch, daß der Stierkampf so außergewöhnlich ist, so schwierig, so magisch, weil der Tod so nahe ist.

Ich bin mir bewußt, daß ich einen für eine Frau ungewöhnlichen Weg gehe. Ich habe die Vorurteile von vielen durchbrochen, und jetzt wissen sie nicht, wie sie damit umgehen sollen. Ich bin stolz darauf, eine Frau zu sein, doch in der Arena fühle ich mich als Torero, und ich muß mit dem Stier dasselbe machen wie die Männer, die gleichen Stiere bekommen wie die anderen Toreros. Die Stiere sind wie sie sind, und sie haben nun einmal die Verteidigungswaffen, die sie haben. Und daran möchte ich auch nichts ändern.

Nîmes, die Heimkehr

Nach einem Jahr als Matadora kehre ich in die Stadt zurück, wo ich zum ersten Mal einen Stier tötete. Ich kehre nach Nîmes zurück, voller Erinnerungen, um wieder mit Curro Romero aufzutreten, in der gleichen Arena, diesmal zusammen mit Enrique Ponce.

Eine junge Frau erwartet mich im Hof der *cuadrilla*, um mich um ein Autogramm zu bitten. Während ich mein Foto unterschreibe, beobachtet sie mich respektvoll. »Danke, und danke, daß Sie gekommen sind«, murmelt sie, ohne den Blick von mir zu lassen. Ich gebe ihr das Foto, und sie streicht mir leicht mit dem Handrücken über die Wange, dabei weint sie Tränen der Bewunderung. Der Zauber des Stierkampfs.

Im Hof der *cuadrilla* legt mir mein Vater den *capote de paseo* um. Pepe und Chano helfen ihm dabei, der eine macht sie mir an der rechten Schulter fest und der andere an der linken. Fast vergesse ich, mir die *montera*, meine Mütze, aufzusetzen.

»Du mußt mit bedecktem Kopf in die Arena gehen, bedeckt mit Ruhm«, sagen sie. Und mit der Mütze auf dem Kopf trete ich in die Arena hinaus, Curro Romero zu meiner Linken, Enrique Ponce zu meiner Rechten.

Der Einzug, bei dem das aufgeregte Gefühl der Begeisterung mit den Farben um mich herum verschmilzt. Ich trage ein neues Kostüm, weinrot und golden. Mit meiner *cuadrilla* gehe ich zwischen den beiden Matadoren, der Tanz, unser Ballett beginnt in einer ovalen Arena, die einst den Römern als Zirkus diente und jetzt den Franzosen eine spanische Fiesta beschert. Verfallener tausendjähriger Stein umgibt uns, die außergewöhnliche Arena ist ein Resonanzkasten, der unsere Schritte begleitet. Die Akustik ist perfekt, das Gemurmel des Publikums verstummt, nur die

Musik ist noch zu hören. Dann, als auch die Instrumente schweigen, ist es nur noch die Stille, die man zu hören vermeint.

Es riecht nach Rosmarin, kleine Sträuße, die die Fans Curro zuwerfen, denn sein Name, Romero, ist der spanische Ausdruck für Rosmarin. Rosmarin für Curro, und für Ponce zwei Ohren. Ich warte auf meinen zweiten Stier, mein Vater hat mir gesagt, er sei kastanienbraun: »Es ist eine sehr gute Auswahl von Stieren, aus der Zucht der Brüder Tornay, die Vorfahren stammen aus der Zucht von Salvador Domecq. Der zweite ist hellgescheckt, wie gesprenkelt, ganz wunderbar, der Bruder eines Stiers, mit dem hier letztes Jahr ›El Cordobés‹ gekämpft hat, wofür man ihm zwei Ohren verlieh. Dieser hier wird seiner Familie sicher alle Ehre machen.«

Ich warte am Plankenschutz, sehe zum Tor hinüber, aus dem der Stier kommen muß, stelle mir vor, was ich Sekunden später leibhaftig sehen werde.

Bevor der Stier herausgestürmt kommt, spüre ich auf meiner rechten Schulter ein leichtes Klopfen, jemand versucht, meine Aufmerksamkeit auf sich zu lenken. Ohne meine Hand vom Plankenschutz zu nehmen, wende ich mich um. Eine wunderschöne Frau, ganz in Weiß gekleidet, nähert ihren Mund meinem Ohr.

»Heute ist der Tag gekommen. Diesen Stier wirst du mir widmen«, flüstert sie leise.

Ich komme nicht einmal dazu, zu reagieren. Bevor ich fragen kann, wer sie ist, gibt sie mir einen Kuß auf die Wange und geht durch die Gasse zwischen Arena und Publikum davon.

Ich sehe wieder zum Tor hinüber, versuche, mich auf den Kastanienbraunen zu konzentrieren, der gleich herauskommen muß, um mich von der Überraschung zu erholen, da spüre ich wieder jemanden sanft auf meine Schulter klopfen, diesmal ist es die linke. Eine andere Frau, auch sie wunderschön, mit dunklem, tiefem Blick, ganz in Schwarz gekleidet, küßt mich auf die linke Wange, wendet sich, bevor ich auch nur den Mund öffnen kann, um und geht mit erhobenem Zeigefinger davon, wobei sie fast drohend sagt: »Mir wirst du diesen Stier widmen, niemandem sonst.«

215

Der Traum, der sich wiederholt und doch neu ist. Ich erinnere mich an die Worte, die Curro Romero in dieser Arena sprach, vor kaum einem Jahr, und sie klingen mir in den Ohren wie ein Lied:

»Stierkampf ist Zärtlichkeit, ist Streicheln, und weil ihr Frauen gut darin seid, wirst du sicher viel Glück haben.«

Anstelle eines Nachworts

Schweigen ist eine Form des Erzählens. Auch das nicht niederge-
schriebene Wort spricht Bände. Es heißt, Schweigen sei eine andere Art der Lüge, doch habe ich auf diesen Seiten nicht gelogen,
auch wenn ich viel verschwiegen habe. Ich habe Abschnitte meines
Lebens fortgelassen, über die ich noch nicht sprechen kann, habe
mit groben Pinselstrichen Episoden und Personen dargestellt, die
vielleicht genauere, realistischere Beschreibungen verdienten, aber
ich habe einen Knebel im Mund, der mich nicht frei reden läßt.

Wenn ich mich einst vom auferlegten Schweigen befreie, werde
ich von dem Schmerz berichten, den mir die Intoleranz verursacht
hat, die mich meinen Beruf nicht so genießen läßt, wie es mir
möglich wäre. Von der Kleinherzigkeit derer, die mir ein Gebiet
verwehren wollen, das sich die Männer erobert haben.

Noch ist es nicht Zeit dazu. Man mag es Feigheit nennen, doch
will ich nicht noch mehr Fronten eröffnen in meiner Schlacht. Ich
muß mir die Kräfte für meine Verteidigung aufbewahren, noch ist
es nicht Zeit zum Angriff.

Das Schweigen ist meine Form, die letzten Seiten dieser Geschichte offen zu lassen.

Glossar

aficionado: Stierkampfbegeisterter, Kenner des Stierkampfs
alguacil: im strengen Ritual des Stierkampfs berittener Gerichts-
diener, der beim *paseo*, dem Einmarsch der Toreros in die Arena,
vor diesen und ihren *cuadrillas* einherreitet, vom Präsidenten,
der obersten Autorität des Stierkampfs, den Schlüssel zum Tor
in Empfang nimmt, durch das die Stiere in die Arena kommen,
und während des Stierkampfs alle Anweisungen aus der Präsi-
dentenloge in die Arena weitergibt
alternativa: Einführung als Matador; nach einer *alternativa* in der
Provinz muß beim ersten Auftritt in Madrid die Zeremonie
wiederholt werden, ebenso in Südamerika
banderillas: mit farbigem Papier umwickelte Stäbe, die an ihrem
Ende einen Widerhaken tragen und in der zweiten Phase des
Stierkampfs, nach der Arbeit mit der *capa* und der Arbeit der
Picadores und vor der letzten Phase des Stierkampfs, der *faena*
mit der *muleta*, jeweils paarweise von den *banderilleros* in die
Nackenmuskeln des Stiers gestoßen werden
banderillero: zur *cuadrilla* des Matadors gehöriger Torero, dessen
Aufgabe es ist, diesen in der Arbeit mit der *capa* zu unterstützen
und vor allem, die *banderillas* einzustechen
becerro: Stierkalb; das Kalb des Kampfstiers ist wegen seiner Kraft
und Wildheit nicht mit einem Kälbchen zu verwechseln, wie
wir es landläufig kennen
becerrada: Kampf gegen ganz junge Stiere
burladero: der Schutz aus Holzplanken, hinter dem sich der Torero
im Notfall in Sicherheit bringen kann
cabestro: Ochsen, die in der Arena dazu gebraucht werden, einen
nicht in der Regelzeit getöteten Stier hinauszugeleiten, und die

auch auf der Weide zum Treiben der Kampfstiere benutzt werden

callejón: schmale Gasse zwischen Arena und Rängen

calzona: die kurze Hose der traditionellen Stiertreiberkluft

capa: Stierkämpfermantel in der Form eines traditionellen, ärmellosen Umhangs

capote de paseo: der Mantel, der nur beim Einzug benutzt wird, beim Kampf wird er dann gegen den *capote de brega* eingetauscht

capea: Amateurstierkampf, bei dem der Stier nicht getötet, sondern nur mit der *capa* bekämpft wird

castañeta: kurzer Stierkämpferzopf

corrida: Bezeichnung für den Stierkampf

cuadrilla: die Stierkämpfertruppe, die dem Matador untersteht bzw. von ihm angestellt wird und aus den Picadores und den Banderilleros besteht

dobladas: Stierkampffigur, bei der der Stier zum mehrmaligen Wenden gebracht wird

estaquillador: der spitze Stab, über den die *muleta* gezogen ist und der zum Halten derselben benutzt wird

estoque: der Degen des Stierkämpfers, mit dem er dem Stier die *estocada*, den Degenstoß, gibt

faena: letzte Phase des Stierkampfs, bei der der Torero mit der *muleta* arbeitet, und die mit der *suerte suprema*, dem Töten des Stiers, endet

maestro: respektvolle Anrede für den Matador

mano a mano: Stierkampf, bei dem statt der üblichen drei nur zwei Matadore gegen sechs Stiere antreten, jeder also drei statt zwei Stiere tötet

matador: höchster Rang, den ein Torero erreichen kann

molinete: Stierkampffigur, bei der sich der Torero mit der *muleta* um sich selbst dreht und den Stier so zwingt, ihn zu umkreisen

montera: die Stierkämpfermütze

muleta: das berühmte rote Tuch, mit dem der Torero den Stier in der letzten Phase des Stierkampfs reizt

novillada: Stierkampf mit jungen Stieren (bis zu drei Jahren)

220

novillero: Jungstierkämpfer, der noch nicht die *alternativa*, die Einführung zum Matador, absolviert hat

paseo: die Parade zu Beginn des Stierkampfs, bei der die Matadore an der Spitze ihrer *cuadrilla* in die Arena einziehen

patio de cuadrillas: der Hof neben der Arena, in dem sich vor der Corrida die Stierkämpfertruppe versammelt

picador: Lanzenreiter, der den Stier im ersten Teil der Corrida, nach der Arbeit mit der *capa*, mit seiner Lanze in den Halsmuskelhöcker sticht, um ihn für die *faena* mit der *muleta* vorzubereiten

suerte suprema: der vornehmste Teil der Corrida: das Töten des Stiers mit möglichst einem einzigen Stoß des Degens

taleguilla: die knielange Hose des Toreros

temple: das fast zeitlupenartige Ausführen der Stierkampffiguren: je langsamer, um so anmutiger, um so ästhetischer

torero: ein berufsmäßiger Stierkämpfer; Matadore, Banderilleros und Picadores sind alle Toreros

trastos: Handwerkszeug des Toreros (Degen, Stoßdegen, *muleta*)

verónica: eine klassische Stierkampffigur, bei der die *capa* so gehalten wird, wie die Heilige Veronika das Tuch hielt, mit dem sie das Gesicht Jesu Christi trocknete; sie wird mit geschlossenen Füßen ausgeführt, ohne sich von der Stelle zu rühren, und läßt den Stier hautnah am Torero vorbeistoßen, der die *capa* immer ein paar Millimeter vor dessen Hörnern herzieht

zapatilla: absatzloser Schuh des Stierkämpfers

Bildnachweis

(der Photographien in der Reihenfolge ihres Erscheinens)